WIKINGER WARÄGER NORMANNEN

Museum für
Vor- und Frühgeschichte
Staatliche Museen zu Berlin
Preußischer Kulturbesitz

WIKINGER WARÄGER NORMANNEN

**Die Skandinavier
und Europa
800 bis 1200**

Begleitheft
zur Ausstellung
von Arnold Muhl
und Reiner-Maria Weiss

Altes Museum
Berlin
2. September bis
15. November 1992

Das Alte Museum zu Berlin.
Erbaut von Karl Friedrich Schinkel·1823—1830.
Es ist der bedeutendste Museumsbau
des 19. Jahrhunderts in Berlin

Vorwort

Am 2. September 1992 öffnet das Alte Museum in Berlin seine Pforten für die umfassendste Ausstellung, die jemals zu Archäologie, Kunst- und Kulturgeschichte der Wikinger gezeigt wurde. Ihr Titel steckt dabei den historischen wie auch geographischen Rahmen ab, der bei weitem nicht nur die eigentliche Wikingerzeit in Skandinavien umfaßt. Vielmehr ist das Anliegen der Ausstellungs-Organisatoren die Loslösung vom gängigen Klischee der Wikinger als bärbeißige, abenteuerlustige Freibeuter und wagemutige Eroberer, die plündernd und brandschatzend über andere Länder herfielen. Gleichzeitig wird der Vorstellung entgegengewirkt, der gesamte Norden Europas sei von einem homogenen Ethnikum namens »Wikinger« bevölkert gewesen.
So beinhaltet das Ausstellungskonzept die Darstellung einer der bewegtesten Epochen europäischer Geschichte. Es werden die vielschichtigen Wechselbeziehungen zwischen Skandinavien und Europa von den ersten Wikingereinfällen um 800 bis zur politischen und kulturellen Einbindung in das christliche Abendland während der romanischen Epoche aufgezeigt. Originalfunde aus Kanada belegen sogar die Anwesenheit der Wikinger in der Neuen Welt, fünfhundert Jahre vor Kolumbus.
Mehr als 600 Katalognummern mit weit über 2500 Einzelobjekten – von federleichten Textilresten bis zu tonnenschweren Runensteinen, von reichen Goldschätzen bis zum meterhohen Stabkirchenportal, vom Schiffsfund bis hin zu den berühmten Sagabüchern –, alles was für die skandinavische Geschichte zwischen 800 und 1200 n. Chr. von Bedeutung ist, wurde aus über 80 Museen zusammengetragen. Dabei findet die Darstellung der naturräumlichen Bedingungen ebenso Berücksichtigung wie die der ethnischen Verhältnisse. Das Programm umfaßt ferner Themenbereiche wie Schiffbau, Fernbeziehungen, Kunst, Religion, Schriftkultur, Gesellschaftsstruktur, Christianisierung und Europäisierung des Nordens, um nur einige zu nennen.
Viele Exponate, vor allem ein Großteil der baltischen und russischen Leihgaben, sind erstmals im Ausland zu sehen.

Von der Wand in die Hand

Das Begleitheft ist der Kurzführer zur Ausstellung und dient allen Interessenten als Ergänzung zum umfassenden Katalog (Wikinger, Waräger, Normannen; ca. 430 Seiten).
Es beinhaltet in erweiterter Form auf der Grundlage des Kataloges alle Texte zur Ausstellung, die in den bisherigen Publikationen nicht abgedruckt sind. Ergänzend werden die wichtigsten Objekte, Schautafeln und Rekonstruktionszeichnungen abgebildet.
Damit wird dem Besucher eine handliche Broschüre gereicht, die als Orientierungshilfe die einzelnen Stationen des Ausstellungskonzeptes nachzeichnet.
Die Texte erklären in geraffter Form den Inhalt der unter dem Untertitel »Die Skandinavier und Europa 800–1200« stehenden Ausstellung.
Das Ziel ist ein informativer Abriß über Kunst und Kultur der Wikingerzeit in Nordeuropa und ihren Übergang in die politische, gesellschaftliche und künstlerische Internationalität des römisch-katholischen Abendlandes im Hochmittelalter.

Der Ausstellungsplan mit dem Leitsystem im Klappumschlag unterstreicht den Charakter dieses Begleitheftes als Leitfaden durch die Ausstellungsräume.

Berlin, im September 1992

Arnold Muhl   Rainer-Maria Weiss

I. Das Thema

Die Ausstellung dokumentiert die Geschichte Skandinaviens und seine vielschichtigen Wechselbeziehungen zum übrigen Europa in der Zeit von 800 bis 1200, also der Wikingerzeit und dem Beginn der romanischen Epoche.
Archäologie, kunsthistorische und literarische Hinterlassenschaften illustrieren die traditionsreiche Kultur der Völker jenes riesigen geographischen Raumes, in dem neben nordgermanischen Völkern auch Finnen und Lappen beheimatet waren. Sie lassen aber auch den gesellschaftlichen und politischen Umbruch aufscheinen, den die Nordleute mit der Übernahme des Christentums vollzogen und der zur Herausbildung der skandinavischen Nationalstaaten führte.
Der thematische Bogen spannt sich von den ersten Wikingerzügen bis zur Eingliederung der nordischen Königreiche in das christliche Abendland. Die Schlagworte »Wikinger – Waräger – Normannen« symbolisieren dabei den weiten Aktionsradius der Skandinavier und deren Einwirken auf West-, Ost- und Mitteleuropa.
Es zeigt sich, daß die Leistungen der skandinavischen Völker in Literatur, Kunst, Technologie und Politik denen ihrer europäischen Nachbarn jener Zeit durchaus ebenbürtig waren. Zudem verhielten sich die Skandinavier – entgegen dem gängigen Klischee – weder in heidnischer noch in christlicher Zeit ausgeprägt gewalttätiger und minder kultiviert als ihre Zeitgenossen im mittelalterlichen Europa.

II. Die Kultur

Glaube, Brauchtum, Gesellschaftsstruktur und Kunst der wikingerzeitlichen Völker Nordeuropas wurzelten in altgermanischen bzw. in finnougrischen Traditionen. Grundlage der in Ständen gegliederten Gesellschaftsordnung der germanischen Stämme war die Sippe oder die Familie. Finnische und lappische Stämme wurden von einem Ältestenrat geleitet. Die polytheistischen Religionen jener Völker durchzogen alle Lebensbereiche, wirkten sich jedoch nicht – wie später das Christentum – regulierend auf das gemeinschaftliche Leben aus.
Meist war Viehwirtschaft und Ackerbau die ökonomische Basis. Die Lappen und Teile der finnischen Bevölkerung lebten dagegen vorwiegend von Jagd und Fischfang. Handwerk und Handel gingen über den unmittelbaren Eigenbedarf hinaus und bildeten die Grundlage für Wohlstand und Reichtum.
Im Siedlungsbild überwogen dörfliche Strukturen, wohl aber etablierten sich schon in der Wikingerzeit einige Orte als urbane Zentren von überregionaler Bedeutung.
Ein Charakteristikum der skandinavischen Kultur war die große Aufgeschlossenheit gegenüber fremden Impulsen. Eine Vielzahl neuer Ideen aus dem künstlerischen, technischen, gesellschaftlichen und religiösen Bereich wurden aufgenommen oder zumindest geprüft und nach individueller Zweckmäßigkeit bzw. nordischem Geschmack abgewandelt. Dennoch wurde die eigene Kultur mit Selbstbewußtsein und Durchsetzungskraft vertreten.

Transport und Verkehr
Raum I, Vitrinen 1–5, 8

Die Mobilität von Personen und Sachen spielte auch zur Wikingerzeit eine entscheidende Rolle. Waren wurden verhandelt, Botschaften und Nachrichten übermittelt. Man unternahm Heerfahrten oder begab sich auch auf Reisen aus privaten Anlässen.
Traditionelle Routen, Pfade oder Wege bildeten ein lockeres Verbindungsnetz, das schon seit Generationen bekannt oder in Gebrauch war. Da man jedoch nur selten auf ausgebaute Straßen, Furten, Brücken oder Dämme zurückgreifen konnte, bestimmten die topographischen Gegebenheiten sowie die klimatischen Verhältnisse den Weg und das Fortbewegungsmittel.
Land- und Wasserwege wurden Sommers wie Winters genutzt. Dabei richtete sich die Wahl des Fortbewegungsmittels danach, ob der Weg über offenes Wasser oder Eis, festes, sumpfiges oder verschneites Gelände führte.
Vom Wanderstab bis zum Schiff werden Beispiele für die gängigen Verkehrsmittel gezeigt, mit deren Hilfe größere Entfernungen überwunden werden konnten. Reitausrüstung und Zuggeschirr (Abb. 1) repräsentieren den schnellen Überlandritt und den Transport schwerer Lasten mit dem vierrädrigen Wagen oder dem bei Schnee und im Sumpf eingesetzten Schlitten.
Skier (Abb. 2), bereits seit der Steinzeit bekannt, und knöcherne Eisgleiter, auf denen man sich mittels eines eisenbeschlagenen Stokkes vorwärts stakte, bezeugen den Willen und den Zwang zur Mobilität auch unter extremen klimatischen Bedingungen.
Prunkvolle Verzierungen gerade der größeren Verkehrsmittel wie Wagen, Schlitten (Abb. 23) und Schiff spiegeln den ihnen beigemessenen Prestigewert wider.

Abb. 1
Zwei Mähnenstühle aus Mammen
Mitteljütland, Dänemark
Kupferlegierung, vergoldet; niellierte Silberblecheinlagen
H. (Mitte) 9 cm; L. 41 u. 42 cm
Mitte 10. Jh.
Danmarks Nationalmuseum Kopenhagen

Zwei Beschlagsätze für Mähnenstühle (Kummets), auf Holz montiert. Reich im Jellingstil mit Flechtband, Tierornamentik und einzelnen menschlichen Figuren verziert. Die Endbeschläge sind als Tierköpfe gestaltet, in deren Rachen sich ein kleines Greiftier befindet.
Die Funktion des Mähnenstuhls bestand darin, die Zügel über

dem Pferderücken zu halten. Die reich verzierten Mähnenstühle gehören zu einer Gruppe prachtvoller Geschirre, die wahrscheinlich bei zeremoniellen Umzügen verwendet wurden.

Abb. 2
Ein Paar Skier
Kiefernholz
L. 2,05 m
Vosseskavlen, Norwegen
12. Jh.
Skimuseet, Oslo

Dies ist das älteste Skipaar Norwegens. Gefunden in einem Gletschertal 1500 m über dem Meeresspiegel; sie kamen beim Rückgang des Eises zum Vorschein. Das Wort Ski ist norwegisch, und sowohl die Bezeichnung wie die Skier selbst fanden auch außerhalb der Landesgrenzen weite Verbreitung.

Das Wikingerschiff
Raum 1, Vitrinen 2 und 8

Hochseetüchtige Schiffe bildeten die Voraussetzung für die kühnen Unternehmungen der Nordleute (Abb. 3). Schon aufgrund der vom Wasser beherrschten Landesnatur Skandinaviens war das Schiff das traditionelle Transportmittel für Personen, Handelsgut, Kriegsmaterial oder Hausrat. Aber erst in der Wikingerzeit waren Schiffbau und Nautik soweit gediehen, daß Kauffahrer, Krieger und Kolonisten mit ihren Fahrzeugen, die den jeweiligen Erfordernissen angepaßt waren, enorme Entfernungen überwinden und ferne Orte erreichen konnten.

Das Wikingerschiff ist eine eigenständige, skandinavische Entwicklung. Es war absolut hochseetüchtig und konnte gesegelt und gerudert werden. Seine technischen Vorzüge bestanden in dem niedrigen Gewicht bei stabiler Konstruktion in Klinkerbauweise, dem geringen Tiefgang und der damit verbundenen hohen Geschwindigkeit und Wendigkeit. So waren diese elegant geformten Schiffe auch in Flüssen, seichten und schmalen Gewässern manövrierfähig. Flache Strände oder Ufer konnten ohne größere Vorbereitungen angelaufen werden. Bei Bedarf wurden sie sogar über Land gezogen und an anderer Stelle wieder zu Wasser gelassen.

Technisch und in seiner vielseitigen Verwendbarkeit war das Wikingerschiff allen anderen Bootskonstruktionen zu jener Zeit weit überlegen (Abb. 4). Es erlaubte seiner Besatzung auf Flüssen tief ins Landesinnere vorzustoßen oder schnell und überraschend auch solche Gestade anzusteuern, die nicht über feste Anlegevorrichtungen verfügten. Bei all diesen außergewöhnlichen Eigenschaften erreichten diese Fahrzeuge erstaunliche Ladekapazitäten. Die großen Handelsschiffe des 11. Jahrhunderts konnten bis zu 40, die des 12. Jahrhunderts sogar 60 Tonnen zuladen. Auf den schmaleren Kriegs- bzw. Reiseschiffen fanden durchschnittlich zwischen 40 und 80 Personen Platz, auf den Langschiffen sogar eine bis zu 280köpfige Besatzung. Über seine praktischen Funktionen hinaus besaß das Wikingerschiff einen beachtlichen Prestigewert, indem es Reichtum und Macht dokumentierte. Mancherorts wurde ein Verstorbener mitsamt seinem Schiff bestattet, wodurch dieses Boot im übertragenen Sinne ein Symbol für die Überfahrt ins Totenreich wurde.

Abb. 3
Bildstein von Tjängvide
Gotland, Schweden
Kalkstein (rote Bemalung modern)
H. 1,75 m
8.–9. Jh.
Statens Historiska Museum, Stockholm

Am linken Rand des oberen Bildfeldes zwei senkrechte Zeilen mit nur teilweise lesbarer Runeninschrift:»...fuÞr...« und »fuÞporkn...«; letztere ist der Beginn des Runenalphabets (das Futhark). Eine längere Runeninschrift steht in einem senkrechten Band am rechten Rand des unteren Bildfeldes, von der nur ein Teil gedeutet werden kann: »...errichtete den Stein nach Hjorulf, seinem Bruder...« Das untere Bildfeld wird von einem prachtvollen Schiff ausgefüllt, im oberen befindet sich eine gut erhaltene Szene, die allgemein als Schilderung von Walhall gedeutet wird. Oben rechts erkennt man einen Speer, einen fallenden und einen gefallenen Mann sowie links von letzterem einen fliegenden Vogel – zusammen wohl einen Kampf darstellend. Darunter kommt ein reitender Held auf einem achtbeinigen Pferd (Odins Sleipnir?) und mit einem Trinkbecher in der erhobenen Hand nach Walhall geritten. Er wird von einer in Mantel, Schürze und Schleprock gekleideten Walküre mit langer Haarschlaufe über dem Rücken empfangen. Sie streckt einige unbekannte Gegenstände vor (auf anderen Steinen reicht sie ein Trinkhorn). Hinter ihr erkennt man einen Hund und über ihm eine weitere Walküre, die einen Mann mit einer Axt in den Händen ein Horn reicht, vermutlich einem der Einherjer, der kriegerischen Bewohner Walhalls. Darüber sieht man Walhall selbst, den hohen Bau mit Toren, wo die Helden Abend für Abend nach des Tages wilden Kämpfen Gastmahl halten.

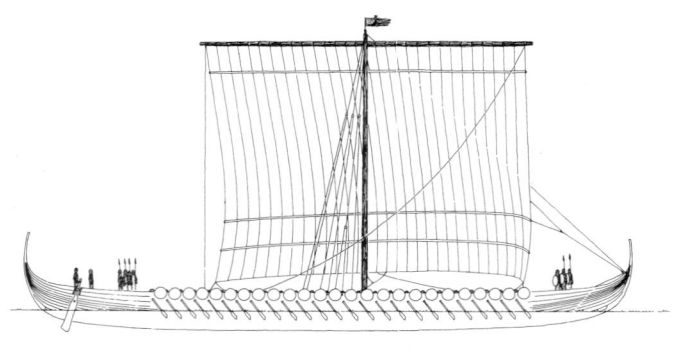

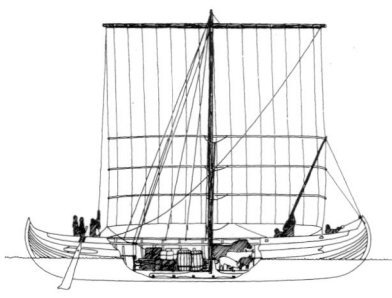

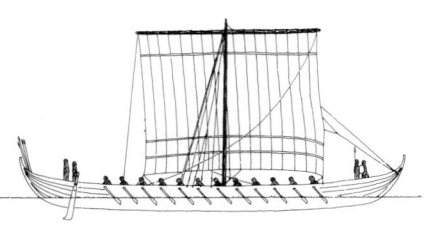

Abb. 4
Rekonstruktionszeichnungen der Schiffe von Skuldelev
Frühes 11. Jh.
Vikingeskibshallen i Roskilde

Die Fernbeziehungen
Raum I, Vitrinen 6 und 7

Die Kontakte der Skandinavier erstreckten sich von der kanadischen Ostküste bis zum Vorderen Orient, vom Nordkap bis nach Nordafrika (Umschlag, Karte 2). Ein regelrechtes System altbekannter und neuerschlossener Landwege und Seerouten durchzog diesen gewaltigen geographischen Raum und bildete die Grundlage für einen materiellen sowie geistigen Austausch.
Naturgemäß legte die geographische Lage der einzelnen skandinavischen Länder die Hauptrichtungen ihrer wirtschaftlichen und politischen Expansion fest. Kauffahrer waren die Wegbereiter zu diesen weitreichenden Kontakten. Die Aussicht auf einen gewinnbringenden Handel war Anlaß genug, um selbst weit entlegene Orte immer wieder aufzusuchen. Abenteurer, die in friedlicher oder kriegerischer Absicht unterwegs waren, aber auch Siedler, die sich in der Fremde eine neue Existenz schaffen wollten, folgten alsbald.
Die Nordleute nutzten für ihren Fernhandel vor allem die Wasserwege, die zumeist längs der Küsten verliefen, aber auch größeren Flußläufen folgten. Vereinzelt werden Reiserouten und Reisezweck in angelsächsischen, altrussischen, fränkischen, byzantinischen und arabischen Schriftquellen erwähnt. Aber auch Steinmonumente mit Runeninschriften bezeugen, daß sich Skandinavier in Athen, Berezan, Konstantinopel oder London aufgehalten haben.
In besonderem Maße spiegeln sich diese weitreichenden Verbindungen in der Provenienz des archäologischen Fundgutes wider. So repräsentiert die Zusammensetzung der hier ausgestellten Schatzfunde aus dem norwegischen Hon (Abb. 5) und dem schwedischen Vårby (Abb. 6) die Gebiete, die am nachhaltigsten kulturelle Impulse an Skandinavien abgaben: die Britischen Inseln, das Fränkische Reich, das südliche und östliche Ostseegebiet, Rußland und das Kalifat.

Abb. 5
Goldschatz von Hon
Norwegen
Gesamtgew. des Metalls 2 548 kg
2. Hälfte 9. Jh.
Universitetets Oldsaksamling, Oslo

Der Schatz wurde im 19. Jahrhundert in einem Moor gefunden. Er ist der größte erhaltene Goldschatz der Wikingerzeit. Alle Stücke sind von hoher Qualität. Die Fibel ist eine der hervorragendsten karolingischen Goldschmiedearbeiten, die wir kennen. Nur wenige der Stücke spiegeln norwegische Metallkunst wider. Sehr wichtig sind die kleinen, zerschnittenen Beschläge in Borrestil-Prägung. Der große Halsring kann eine russische Arbeit sein. Die flachen, runden Anhänger sind am ehesten angelsächsisch, wie auch der Fingerring mit Glaseinlage. Die kleinen röhrenförmigen Behälter (Amulettkapseln?) stammen wahrscheinlich zusammen mit der antiken

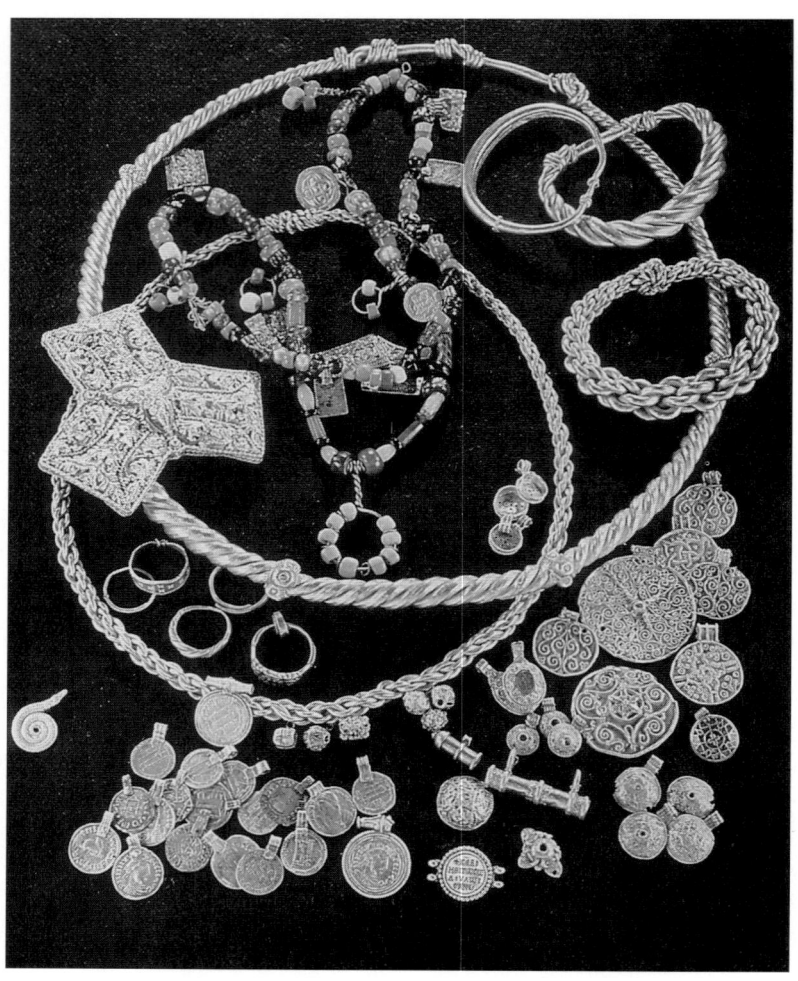

Gemme in späterer Fassung aus dem Römischen Reich. Auch die Münzen zeigen dieselbe Spannweite. Die Zusammensetzung des Schatzes stützt die Vermutung, daß er mit dem immensen Lösegeld in Verbindung zu bringen ist, das 858 für den Abt von Saint Denis an Wikinger gezahlt wurde.

Abb. 6
Schatzfund von Vårby, Södermanland, Schweden
Gesamtgew. 1,4 kg
10. Jh. Skandinavisch, osteuropäisch und islamisch
Statens Historiska Museum, Stockholm

Der Vårby-Schatz, der im Wald unweit der Schiffsroute nach Birka versteckt wurde, zeigt die weitreichenden Verbindungen der

Skandinavier. Die Ringfibeln wurden im Norden nach Vorbildern von den Britischen Inseln hergestellt. Sie dienten beim Mann als Verschluß des Mantels. Die Gürtelbeschläge sind orientalischen Typs. Die skandinavische Rundfibel zeigt Verzierungen im Borrestil. Die Silberkette besteht aus slawisch und westeuropäisch beeinflußten, aber im Norden gefertigten Perlen. Bei den Anhängern handelt es sich um skandinavische Werkstücke im Borrestil sowie um umgearbeitete orientalische Gürtelbeschläge und Münzen. Nahezu alle Münzen sind islamischen Charakters, vier von ihnen wurden jedoch nicht innerhalb des Kalifats, sondern irgendwo in Westeuropa geprägt.

Die Kunststile
Raum 1, Vitrinen 9–11

Die Ornamentik der wikingerzeitlichen Kunst wird in einzelne Stile unterteilt (vgl. Schema-Tafel). In chronologischer Reihenfolge wird zwischen Broastil, Berdalstil/Osebergstil, Borrestil, Jellingstil (Abb. 29), Mammenstil (Abb. 21), Ringerikestil (Abb. 45) und Urnesstil (Abb. 7) unterschieden, die durch Übergangs- und Mischphasen miteinander verbunden sind. Namengebend waren zumeist die Fundorte herausragender Objekte, an denen die jeweiligen Stilkriterien erstmalig oder besonders ausgeprägt erkannt wurden. Diese Kunststile entwickelten sich seit der 2. Hälfte des 8. Jahrhunderts aus dem germanischen Tierstildekor und verschmolzen zu Beginn des 12. Jahrhunderts mit der romanischen Kunst.

Kennzeichnend ist eine Mischung des einheimischen Formenschatzes, zum Beispiel die bevorzugte Darstellung des Tieres oder von Schlingbändern, mit Motiven aus fremden Kunstkreisen, wie etwa Akanthusblätter und Weinranken. Künstlerische Anleihen stammten vorwiegend aus der angelsächsischen und karolingisch-ottonischen Ornamentik.

Im Vordergrund stehen Tiermotive, meist zoologisch unbestimmbare Vierbeiner, aber auch Vögel und Schlangen. Als beigeordnete Zierelemente fungieren pflanzliche Ranken- und geometrische Flechtbandornamente.

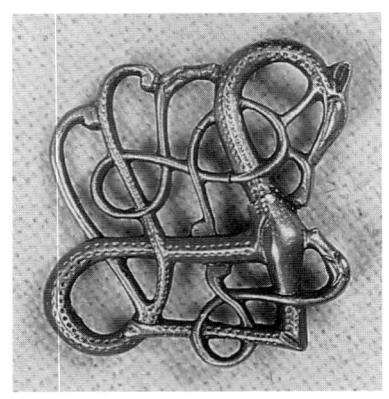

Abb. 7
Silberne Urnesfibel
Island
Um 1100

Die Fibel hat die Form eines elastischen, stilisierten Tieres, das von zwei Schlangen umgeschlungen wird. Sorgfältige Durchbrucharbeit mit zwei parallelen Reihen niellierter Punkte auf Körper und Bein des Tieres. Dieses Exemplar gilt als eine der schönsten der zahlreichen Urnesfibeln.

Broastil
2. Hälfte 8. Jh.

Kombination von Tiermotiven und Schlingbandornamentik. Die Tierkörper wirken zersplissen; Brust- und Hüftpartien werden durch Binnenstrukturierung besonders hervorgehoben.

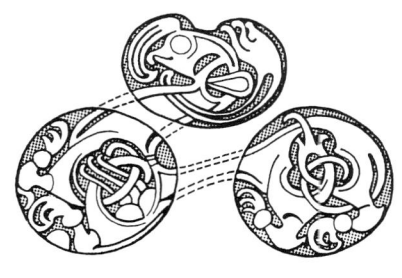

Berdalstil / Osebergstil
ca. 800–875

Flächendeckende Muster aus kleinwüchsigen Tieren, die in alle Richtungen greifen (sog. »Greiftiere«). Kopf, Brust und Hüfte sind meist überproportioniert dargestellt.

Borrestil
2. Hälfte 9. Jh. – 1. Hälfte 10. Jh.

Brezelförmig verschlungene »Greiftiere« mit zumeist übergroßen Ohren und frontal dargestellten Köpfen. Flechtbänder mit Ringketten- und Knotenmustern. Nachahmungen der kontinentalen und insularen Akanthusblatt- und Weinrankenmotive.

Jellingstil
1. Hälfte 10. Jh.

Langgestreckte, S-förmig gebogene Tierfiguren mit bandartiger Körperkontur und langen Nakkenschöpfen.
Schenkelansätze sind oftmals durch Spiralen markiert.

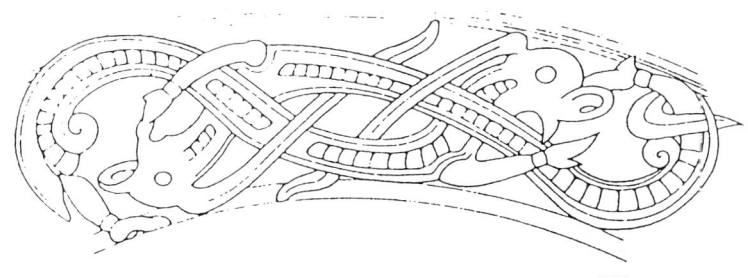

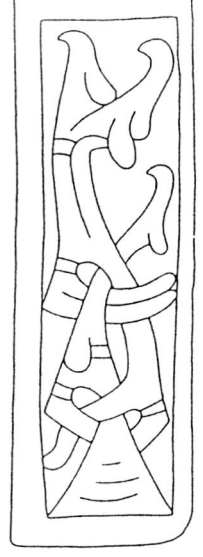

Mammenstil
2. Hälfte 10. Jh.

Halbnaturalistische Tiere mit floral gestalteten Körperauswüchsen. Nachahmung der westeuropäischen Darstellung des »schreitenden Löwen«. Vegetabile Ornamente auch als Einzelmotive. Blattformen mit aufgebogener Spitze. Kombination von figuraler Ornamentik und Schlingbändern.

Ringerikestil
1. Hälfte 11. Jh.

Schreitende Vierbeiner, u. a. halbnaturalistische Tiere (ähnlich wie im Mammenstil, nur straffere Linienführung). Verstärkter Gebrauch vegetabiler Ornamentik. Achsensymmetrische Doppelranken, gebündelte Ranken- und Blattstränge.

 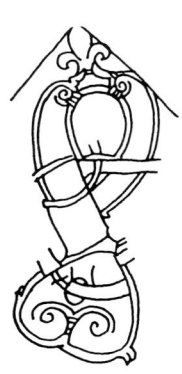 

Urnesstil
2. Hälfte 11. Jh.

Grazile Vierbeiner und Schlangen mit zugespitzten Köpfen. Kompositionsprinzip: Offene Achterschlaufen. Kreuzförmige Ornamente.

Haus und Hof
Raum 2, Vitrinen 14, 16, 17 und 18

Die germanische Bevölkerung Skandinaviens lebte überwiegend von Ackerbau und vor allem Viehzucht. Bäuerliche Siedlungsformen prägten daher die bewohnten Regionen. Während des 9. Jahrhunderts dominierten in ganz Nordeuropa einzeln gelegene Gehöfte oder locker gestreute Gehöftgruppen. Im dänischen Gebiet führte die Intensität der landwirtschaftlichen Nutzung seit dem 10. Jahrhundert zur vermehrten Gründung eingehegter Dörfer. Archäologisch ergrabene Orte, wie das jütländische Vorbasse belegen den Zusammenschluß auch größerer Hofverbände.

Die Gehöfte selbst bestanden aus einem Wohnhaus und mehreren kleineren Wirtschaftsgebäuden, in maßen und oftmals bootsförmig gekrümmte Längswände besaßen (Abb. 10), und zum anderen ca. 5x4m große Grubenhäuser, mit einem bis zu 1 m eingetieften Laufniveau. Das Langhaus vereinte Wohnhalle, Großviehstallung und Vorratsräume unter einem Dach; das Grubenhaus war schnell und materialsparend zu errichten, gebot aber eine weitgehende Trennung von Wohn- und Wirtschaftsraum.

Die Konstruktionsweise richtete sich nach dem örtlich verfügbaren Baumaterial. Im südlichen Skandinavien überwogen Häuser mit lehmverstrichenen Flechtwerkwänden und einem Ried- oder Strohdach, in den nordöstlichen Waldgebieten Block- und Stabbau mit Dächern aus Holzschindeln oder wasserabweisender Birkenrinde, und im nordatlantischen Bereich baute man mit Naturstein, Torf und Grassoden (Abb. 9).

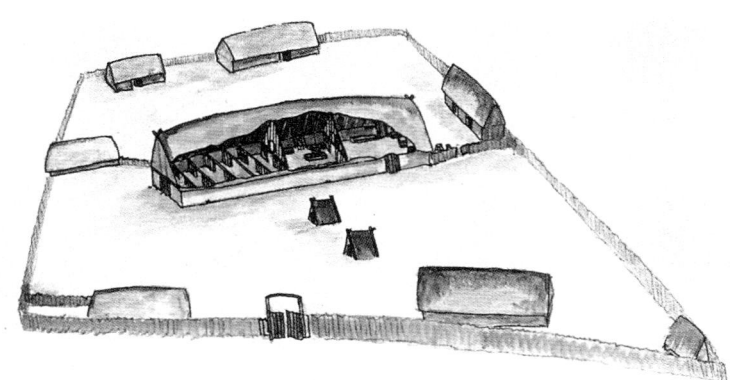

denen gewebt, geschmiedet oder Kleinvieh gehalten wurde (Abb. 8). Die traditionellen Wohnbauten waren zum einen kombinierte Wohn-Stall-Häuser, die bis zu 30m

Abb. 8
Rekonstruktion eines Gehöfts von Vorbasse
Dänemark
Um 900

Abb. 9
Rekonstruktion des Gehöftes von Stöng im Süden Islands
Hier fanden im Jahre 1939 Ausgrabungen statt.

Abb. 10
Rekonstruktion eines Hauses in der Wikingerburg von Fyrkat
Dänemark
Um 980

Typisch für diese großen Langhäuser ist der schiffsförmige Grundriß und die Wölbung des Dachfirsts, wie sie auch der hausförmige Schrein von Cammin (vgl. Abb. 35) aufweist.

Handwerk und Handel
Raum 2, Vitrinen 19–22

Neben Landwirtschaft, Jagd und Fischfang stellten Handwerk und Handel wirtschaftliche Erwerbsmöglichkeiten dar, die über den unmittelbaren Eigenbedarf hinausreichten.

Die Voraussetzung dazu bot die Beherrschung zahlreicher Techniken, so etwa bei der Verarbeitung von Stein, Holz, Bernstein und Knochen. Weben und andere Textilverfertigung waren ebenso geläufig wie die Verhüttung von Erzen, verschiedene Gußverfahren, Glas- und Keramikherstellung.

Spezialisierte Handwerker – so zum Beispiel Schwertfeger, Kammacher, Eisen- und Goldschmiede – produzierten für einen größeren Kundenkreis und bestritten damit ihren alleinigen Lebensunterhalt. Wandernde Handwerker zogen mit ihren Werkzeugkisten von einer Ansiedlung zur nächsten und arbeiteten dort für den lokalen Bedarf (Abb. 12). Ortsansässige ließen sich zumeist in größeren Siedlungen oder Handelsplätzen wie Haithabu und Ribe nieder, von wo aus sie das Umland versorgten und Fernhändler belieferten.

Den örtlichen Verkauf ihrer Produkte übernahmen die Handwerker gewöhnlich selbst. Für den Vertrieb in die Ferne sorgten Händler. Am Binnenhandel beteiligten sich Kaufleute, Krämer und auch Hausierer; erstere genossen eine geachtete Stellung, letztere zwei besaßen hingegen nur geringes Ansehen.

Träger des Fernhandels waren Großkaufleute, die Kontakte selbst zu weit entlegenen Gebieten unterhielten und wohlhabende Bauern, die sich zeitweise von den Verpflichtungen auf ihren Höfen lösen konnten. Oftmals blieben sie mehrere Jahre im Ausland. Der Transport der Ware erfolgte auf speziellen Handelsschiffen.

Der Handel fand entweder sofort direkt am Schiff statt, oder man bezog für einige Zeit Quartier, um den Geschäften nachzugehen. Kamen Händler aus den umliegenden Bezirken hinzu, entwickelte sich ein lebhafter Markt, gerade in den großen Handelszentren mit ihren Handwerkerniederlassungen, Hafenanlagen und Lagerhäusern.

Der Verkauf vollzog sich im Tauschverkehr, oft mit Münzen als Zahlungsmittel, die aber statt nach ihrem aufgeprägten Nennwert nur nach ihrem Gewicht bewertet wurden. Die skandinavischen Kaufleute exportierten u.a. Pelze, Fische, Walroßzahn, Speckstein, Tuche, Wachs, Wetzsteine, Holz, Eisen- und Bronzebarren (Abb. 11), und brachten dafür Wein, Gewürze, gemünztes Silber, Gläser, Waffen oder Geschirr in den Norden.

Obwohl Handwerker und Händler nur einen geringen Prozentsatz innerhalb der skandinavischen Bevölkerung bildeten, beeinflußten sie die nordeuropäische Kultur nachhaltig. Das Aufblühen stadtartiger Siedlungen, die Neuerungen im Schiffbau, die Entstehung gemünzter Zahlungsmittel und die Vermittlung neuer Ideen sind letztendlich auf ihre Tätigkeiten zurückzuführen.

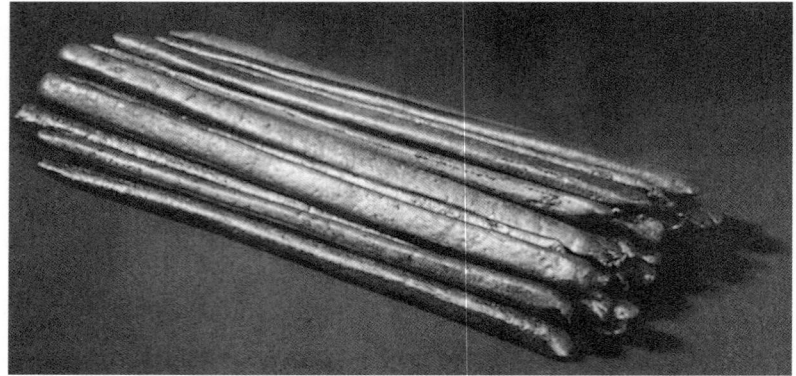

Abb. 11
Messingbarren aus Haithabu
Deutschland
Archäologisches Landesmuseum Schleswig

In offenem Herdguß, wohl in gemeinsamer Form, gegossener Satz von 25 Barren. Die Unterschiede in Größe und Gewicht erklären sich aus dem Gußverfahren. Da die Barren an einer Stelle im Hafen als Sammelfund angetroffen wurden, sind sie als Handelsware, und zwar als Rohmaterial anzusehen.

Abb. 12
Werkzeugkasten von Mästermyr
Gotland, Schweden
Um 1000
Statens Historiska Museum Stockholm

Der Fund umfaßt u. a. Feilen und Raspeln, Messer, Stemmeisen und Meißel, einen Feuerkorb und mehrere fragmentarische Metallkessel und Vorhängeschlösser. Der mit einer Eisenkette umwikkelte Kasten wurde 1936 beim Pflügen eines Feldes gefunden, das zur Wikingerzeit Seeboden war. Er stellt den bisher größten Werkezeugfund Europas dar: eine Garnitur Eisen- und Holzbearbeitungswerkzeuge, des weiteren Rohmaterial, Halbfertig- und Fertigprodukte. Der Besitzer der Kiste konnte Werkzeuge schmieden, Niete und Nägel und wahrscheinlich auch Blecharbeiten wie Metallkessel, Glocken, Beschläge und Schlösser herstellen. Er konnte gießen, löten und Kleinteile aus Bronze verzieren. Gleichzeitig war der Schmied auch Zimmermann und vielleicht auch Bootsbauer, Wagner und Möbelschreiner.

Zahlungsmittel
Vitrine 28

In weiten Teilen Skandinaviens und des Ostseeraumes gab es zur Wikingerzeit keine geregelte Geldwirtschaft. Tauschhandel und Naturalwirtschaft waren das Übliche. Lediglich im Umfeld der großen Handelsplätze — so etwa in Ribe, Haithabu und Ralswiek (Abb. 40) waren Münzen geläufige Zahlungsmittel. Dort verkehrten Leute, die aufgrund ihrer Erfahrung den Nominalwert von Münzen kannten. Gemünztes Geld bestand fast ausschließlich aus Silber und gelangte durch Handel, Tributzahlungen oder Raub aus den insularen und kontinentalen Reichen (Sceattas, Denare, Pfennige) sowie dem arabischen Kalifat (Dirhems) in den Norden. Selbständige und allgemein anerkannte Geldprägungen skandinavischer Herrscher setzten sich erst im 11. Jahrhundert endgültig durch. Bei der Vielzahl der umlaufenden Prägungen konnte die Kaufkraft einer Münze nur nach ihrem Materialgewicht bewertet werden. Geprägtes Geld war somit dem sogenannten Hacksilber — also Schmuckfragmenten oder Rohmetallstücken — im Handelswert gleichgestellt. Reingewicht statt komplizierte Kursberechnung war die Devise, und so avancierte die Feinwaage (Abb. 13) zum wichtigsten Gerät des Kaufmannes.

Abb. 13
Klapp-Waage mit Gewichten und Beutel
Bronze, Blei, Leinen
L. (der Waagbalken) 18,5 cm
Jåtten, Norwegen
9. Jh. Irisch/insular
Historisk Museum Bergen

Die Waage wurde 1891 zusammengeklappt in einem Bronzefutteral in irischem Dekor, zusammen mit dem Beutel mit den Gewichten unter einem Stein versteckt gefunden, dazu eine Ringnadel. Waagen diesen Typs werden gewöhnlich als Import aus Westeuropa, bes. aus Irland, nach Skandinavien angesehen. Die Ketten dieser Waage entsprechen denen irischer Reliquiare.

Kleidung und Schmuck
Raum 2, Vitrinen 13 und 15

Die Tracht der skandinavischen Völker war im Prinzip relativ einheitlich. Kleinere Variationen waren ethnisch, lokal oder sozial bedingt. Zumeist wurden die Gewänder aus Leinen- oder Wollstoffen in Heimarbeit angefertigt. Reichere verarbeiteten dazu aber auch feine Tucharten, Seide oder Brokat sowie kostbare Pelze.

Der Schmuck gliedert sich einerseits in reinen Zierschmuck wie Arm-, Hals- oder Fingerringe und Kettengehänge, und andererseits in den funktionellen Trachtschmuck, worunter Fibeln (Gewandspangen mit dem Mechanismus einer Sicherheitsnadel) und Nadeln fallen, die dem Kleidungsverschluß dienten.

Die Frauentracht bestand aus einem hemdartigen Untergewand, einem knöchellangen Trägerrock, einem weiten Umhang oder einem kurzen Cape und einem Kopftuch oder gemusterten Stirnband. Gelegentlich sind schürzenartige Kleidungsstücke nachzuweisen. Als Trachtschmuck legten die Frauen kleine runde oder gleicharmige Fibeln, und die großen Kleeblatt-, Oval- oder Scheibenfibeln (Abb. 14) an. Letztere wurden in Gotland durch trapezoide und dosenförmige Exemplare (Abb. 15) ersetzt. Das Untergewand war ärmelig oder ärmellos und besaß lediglich eine geschlitzte Halsöffnung, die mit einer kleinen Fibel verschlossen wurde. Der röhrenförmige oder seitlich geöffnete Rock wurde von zwei Trägern gehalten, die vor der Schulter mit einem Ovalfibelpaar befestigt waren. Der Umhang war rechteckig oder halbkreisförmig geschnitten und wurde mit einer großen Fibel vor der Brust geschlossen. Oftmals zierten bestickte Borten, Pelzbesatz oder Applikationen aus Edelmetall die Röcke oder Mäntel. Charakteristisch sind hier besonders die kleinen Bronzespiralen aus Finnland.

Die Männer trugen Hose, Untergewand, Kittel und Umhang. Auch hier wurde die Kleidung oftmals mit brettchengewebten, gold- und silberdurchwirkten Bändern verziert oder auch pelzverbrämt. Die Hosen waren normalerweise langbeinig und eng geschnitten. Einer orientalischen Mode folgend trug man gelegentlich aber auch weitgeschnittene Pluderhosen, die unter dem Knie zusammengebunden wurden. Bei der Männertracht waren Ringfibeln und gleicharmige Spangen gleichermaßen Zierträger und Gewandschließe. Sie schlossen den Umhang auf der rechten Schulter oder unter dem Arm wie auch den hüftlang getragenen Kittel, der nur in seltenen Fällen Knöpfe besaß. Als Kopfbedeckung sind wollene Mützen, Kappen und kurze spitze Hüte nachgewiesen. Frauen wie Männer trugen lederne Schuhe und Gürtel. Die Fußbekleidung umfaßte aus einem Stück gearbeitete Bundschuhe, mehrteilige Halbschuhe und kurzschäftige Stiefel (Abb. 16). Die Gürtel waren vielfach nicht nur mit Schnallen und gefaßten Riemenenden, sondern auch metallenen Zierbeschlägen versehen.

Beide Scheibenfibeln sind aus je zwei gewölbten Blechen hergestellt, von denen das obere reliefiert gepreßt und überreich mit Filigran und Granulation verziert ist; vorherrschend ist Pflanzenornamentik.

Abb. 14
Eine der sogenannten Hornelund-Fibeln
Gold
Dm. 8,5 u. 8,6 cm
Hornelund (bei Ribe), Jütland, Dänemark
Um 1000
Danmarks Nationalmuseum, Kopenhagen

Abb. 15
Dosenfibel
Bronze, teilweise vergoldet, Silber
Dm. 7,6 cm
Mårtens, Gotland, Schweden
11. Jh.
Statens Historiska Museum Stockholm

Die gotländischen Dosenfibeln dienten als Gewandschließen der Frauen. Die Mårtens-Fibel ist ein Prachtexemplar, das als Schatz im Boden versteckt wurde. Sie ist in 12 Teilen aus Bronze gegossen,

nahezu überall mit Gold und Silber bedeckt und in vielfältigen Techniken gearbeitet. In die Goldbleche der Oberseite und Seitenflächen ist das Grundmuster im Relief eingepreßt, die Konturen wurden dann mit Filigrandraht und die Oberfläche dazwischen mit Granulation bedeckt. Das ist die typische Technik für die skandinavische Filigrankunst der Wikingerzeit. Die Fibel faßt die gesamte Stilgeschichte der Wikingerzeit zusammen: Auf den seitlichen und oberen Goldblechen die für das 9. und 10. Jahrhundert charakteristischen Greiftiere, auf den senkrechten »Pfosten« der Seiten Pflanzenornamentik im Ringerikestil, der im Norden gegen 1000 eingeführt wurde, und auf der Unterseite Ranken im Urnesstil des 11. Jahrhunderts. Dieser Traditionalismus ist typisch gotländisch.

Der Frauenschuh ist aus zwei Teilen genäht: Oberleder (mit eingepaßem kleineren Stück über dem Mittelfuß) und die Sohle mit verlängerter Ferse. Das Oberleder ist durch ausgeschnittene Spiralen verziert. Der Kinderschuh wurde aus einem Lederstück hergestellt und mit Riemen auf dem Rist zusammengeschnürt.

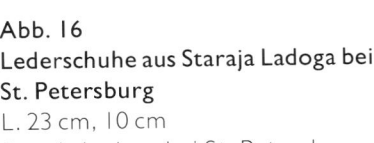

Abb. 16
Lederschuhe aus Staraja Ladoga bei St. Petersburg
L. 23 cm, 10 cm
Staraja Ladoga bei St. Petersburg, Rußland
8. Jh.
Ermitage St. Petersburg

Totenbrauchtum
Raum 2, Vitrine 12

Das vorchristliche Totenbrauchtum der nordeuropäischen Völker ist aus den Bestattungen zu erschließen. Sporadische Hinweise auf den Kult sind in arabischen oder christlichen Schriftquellen zu finden. In weiten Teilen Skandinaviens war während der Wikingerzeit die Feuerbestattung vorherrschend, die sich wiederum in mehrere Varianten von Grabformen gliedern läßt. Der Leichnam wurde in voller Tracht – oftmals mit Beigaben – auf einem Scheiterhaufen verbrannt. Anschließend wurde der Leichenbrand entweder in einer Urne gesammelt und begraben oder über dem Brandplatz verstreut, oder aber mitsamt Resten des Scheiterhaufens in eine Grabgrube geschüttet.
Mancherorts war auch Körperbestattung üblich. Der Leichnam wurde entweder in einem Sarg oder in Tierhaut, Birkenrinde oder Tuch gewickelt in schmalen Schachtgräbern beerdigt. Häufiger jedoch wurden die Toten in geräumigen holzverschalten Grabkammern beigesetzt. Gelegentlich wurden in solchen sogenannten Kammergräbern mehrere Individuen bestattet, meist eine sozial hochstehende Person und deren Untergebene (Abb. 20). Sowohl Brand- als auch Körpergräber waren gewöhnlich durch Erdhügel (Abb. 17), Ringgräben, Steinpackungen oder Steinsetzungen oberirdisch markiert. Die Verstorbenen einer Siedlung wurden überwiegend auf friedhofähnlichen Gräberfeldern beigesetzt, teilweise jedoch auch in exponiert liegenden Einzelgräbern.

Eine besondere Bestattungsform nur für führende Persönlichkeiten waren sogenannte Schiffsgräber, bei denen die Toten mit einem Schiff unter einem gewaltigen Erdhügel begraben wurden (Abb. 22). Den Vorstellungen entsprechend, daß der Verstorbene auch im Jen-

seits wie zu Lebzeiten persönlicher Habe bedarf, wurden ihm je nach sozialem Rang und Besitzverhältnissen Beigaben – Waffen, Speisen und Hausrat – mit ins Grab gelegt. Nur Besitzlose und Unfreie wurden beigabenlos bestattet.
Seit dem 11. Jahrhundert erfolgten die Beisetzungen mehr und mehr nach christlichem Ritus auf eingehegten Kirchhöfen, beigabenlos, in einfachen Holzkisten und schlichten Flachgräbern.

Abb. 17
Grabhügel der großen wikingerzeitlichen Nekropole von Birka
Schweden

Sie bestand ursprünglich aus über 3000 Tumuli, die zum Teil mit äußerst reichen Beigaben ausgestattet waren.

Krieger und Kaufleute
Raum 2, Vitrinen 24–28

Durch Handel und Kriegszüge gelangten begehrte Waren und kostbarste Gegenstände in großer Zahl aus entfernten Gebieten in den Norden, von denen das in Helgö gefundene indische Buddhafigürchen der exotischste ist (Abb. 36). Initiatoren dieser zwar gefahrvollen aber profitversprechenden Fahrten waren Angehörige der sozialen Oberschicht, die neben hoher Risikobereitschaft auch die entsprechende Macht und die Sachmittel für die Durchführung besaßen. Abenteuerlustige Teilhaber und Mannschaften waren bei dem zu erwartenden Gewinn schnell gefunden.

Kampftüchtig mußten Krieger wie Kaufleute sein, wollten sie die Unternehmung erfolgreich abschließen oder ihre Waren verteidigen. Entsprechend wappnete man sich mit Schwert, Axt, Lanze Messer und bisweilen auch mit Pfeil und Bogen (Abb. 19). Die übliche Schutzwaffe war ein runder, mit eisernen Beschlägen bewehrter Holzschild, der mitunter bemalt oder lederverkleidet war. Nur wenige konnten sich Helme (stets hörnerlos! Abb. 18) oder Kettenhemden leisten; die anderen trugen ersatzweise ein Lederkoller oder ein Fellwams sowie eine feste Lederhaube. Ausgefeilte Strategien wurden meist nicht entwickelt, wirksam und gefürchtet waren allerdings die Angriffsaktionen, bei denen stets das Überraschungsmoment gesucht wurde:

Plötzliches Auftauchen und Zuschlagen sowie ebenso schneller Rückzug. Ansonsten bevorzugten die Wikinger den direkten Kampf zu Fuß, Mann gegen Mann. Reiterschlachten oder Distanzkämpfe per Schiff zählten nicht zu den Stärken der Skandinavier.

Der Weg vom erfolgreichen Beutemacher zum friedfertigen Händler war je nach Situation nicht weit. Umgekehrt nutzten weniger seriöse Kaufleute günstige Gelegenheiten, um durch bewaffneten Raub ihren Reichtum zu mehren. Oftmals ist nicht mehr zu entscheiden, ob das Erworbene Kriegsbeute, Handelsgut oder vielleicht auch Geschenk gewesen ist.

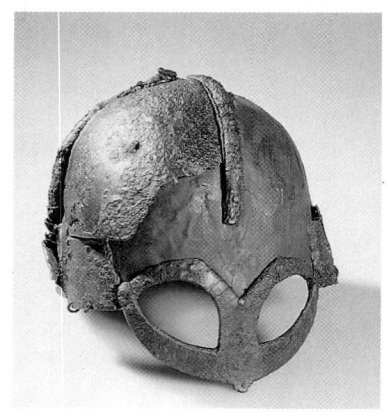

Abb. 18
Helm
Gjermundbu, Norwegen
10. Jh.
Universitetets Oldsaksamling, Oslo

Der Helm ist aus Fragmenten rekonstruiert und besteht aus folgenden Teilen: Kamm mit kurzem Stachel, eine Seitenschiene und 4 gewölbte Eisenplatten. Unterhalb der Kalotte ein etwa 6 cm breiter, umlaufender Randbeschlag sowie ein Nasen- und Jochbeinschirm, der ursprünglich querlaufend streifentauschiert war. Der Nakkenschutz bestand aus Kettengeflecht.
Aus einem Männer-Brandgrab, reich mit Waffen, Reitzeug, Kochausrüstung u. a. versehen. Der Helm gehört zu den am besten erhaltenen Stücken aus der Wikingerzeit Skandinaviens; darüber hinaus gibt es nur wenige Fragmente. Der Helmtyp ist von vielen zeitgenössischen Wiedergaben bekannt, die meisten davon mit konischer Kalotte. Der Helm ist wie Brünne und Schwert eine ausgesprochene Häuptlingswaffe.

Abb. 19
Axt und Schwert
Eisen, silbertauschiert
Finnland
Um 1100
Finlands nationalmuseum,
Helsinki

Prunkwaffen und andere Funde mit solchen Tauschierarbeiten kennt man von Irland im Westen bis nach Rußland im Osten.

Die Anführer
Raum 2, Vitrinen 29–32, 35

Voraussetzung für die außerordentliche kriegerische Effizienz der Wikinger war eine gut organisierte und einflußreiche Führungsschicht. Diese legitimierte sich durch besonderen Reichtum und hohes Ansehen. Erfolgreiche Beutezüge und glorreiche Seefahrten festigten ihre Stellung in der Gesellschaft.
Die Königsmacht war in der älteren Wikingerzeit noch instabil. Einzelne Führer oder Häuptlinge hatten großen Einfluß auf die Geschehnisse innerhalb und außerhalb der drei skandinavischen Königreiche Dänemark, Norwegen und Schweden.
Selbst die Könige waren in erster Linie nur militärische Führer, denn die wichtigsten Entscheidungen wurden nach wie vor auf dem Thing getroffen, der germanischen Gerichtsversammlung.
Über die sozialen Strukturen Skandinaviens während der Wikingerzeit ist literarisch nur sehr wenig bekannt. Mehr Aufschluß gewinnt man aus den Inschriften der zahlreichen Runensteine, die berichten, für wen und von wem die Steine aufgestellt wurden. Das Recht dazu hatten nur wenige Privilegierte.
In Bedeutung und Reichtum der Führungsschicht geben vor allem die archäologischen Hinterlassenschaften Einblick. Eindrucksvolle Denkmäler wie die großen Wikingerburgen Dänemarks oder die riesigen Königsgrabhügel von Jelling (Abb. 28) verdeutlichen ihre Macht. Nur wenige hervorragende Persönlichkeiten wurden mitsamt ihrem Schiff unter einem Hügel beigesetzt, begleitet von überreichen Beigaben, wie sie im berühmten Oseberg-Grab gefunden wurden. Neben diesen königlichen Bestattungen finden sich auch Gräber bedeutender Häuptlinge, ausgestattet mit vielerlei Reichtümern und Statusobjekten wie der goldverzierten Prunkaxt aus Mammen (Abb. 21). Auch siedlungsarchäologisch unterscheidet man deutlich große Einzelgehöfte reicher Herren, wie den Häuptlingshof Borg in Norwegen, dessen Hauptgebäude 83 m lang war.

Abb. 20
Doppelgrab von Stengade
Langeland, Dänemark
Skelette in rekonstruiertem Grab
L. 2,30 m; Br. 1,65 m; H. 80 cm
10. Jh.
Langelands Museum Stengade

Rekonstruierte Grabgrube, die eine etwa 2,1 × 1,4 m große Grabkammer enthielt. In ihr lagen die Skelette zweier Männer, etwa 25 und 35 Jahre alt, der ältere enthauptet und mit gebundenen Füßen. Aufgrund dieser ungewöhnlichen Beobachtungen wird er als Sklave des jüngeren Mannes angesehen. Dieser trug einen Seidenkittel und hatte als Beigabe eine silber- und kupfertauschierte Lanze.

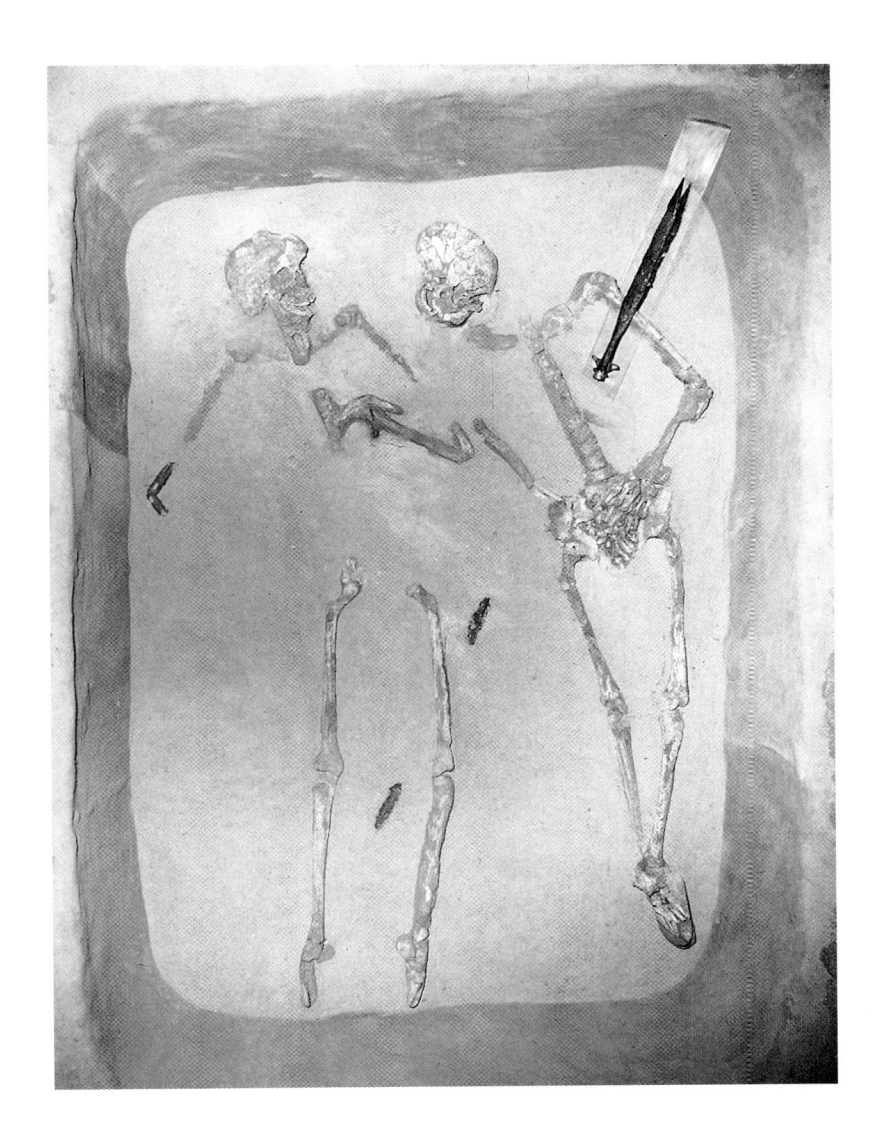

Das Grab von Stengade ist eines der äußerst seltenen archäologischen Belege von Menschenopfern in Verbindung mit einer Grablege von Mitgliederrr der wikingerzeitlichen Oberschcht. Der Araber Ibn Fadhlan konnte um das Jahr 920 einer Menschenopferung anläßlich der Bestattung eines Wikingerhäuptlings an der Wolga beiwohnen, von der sein Augenzeugenbericht erhalten ist.

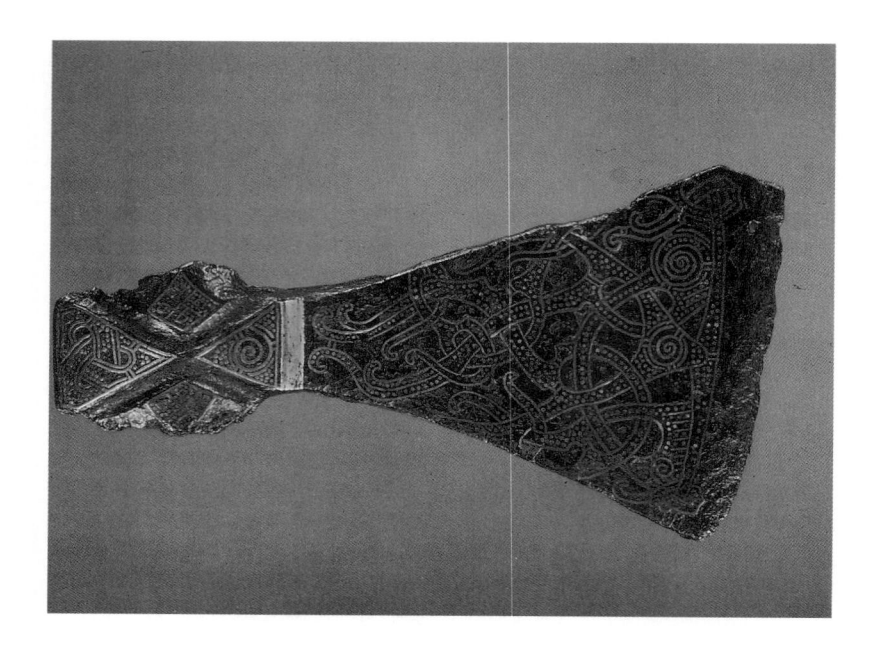

Abb. 21
Die Mammenaxt
Eisen mit Gold- und Silbereinlagen
L. 17,5 cm; ehem. Schneidenbr. 10,5 cm
Mammen, Mitteljütland, Dänemark
Mitte 10. Jh.
Danmarks Nationalmuseum

Eiserne Prunkaxt mit Gold- und Silbereinlagen aus einem reichen Männergrab. Dendrochronologische Untersuchungen datieren die hölzerne Grabkammer auf 970/71.
Die Ornamentik der Axt ist von besonderer Qualität und war namengebend für den sog. Mammenstil. Auf dem Nacken erkennt man drei Dreipaßschlaufen, Tetragramme, eine Maske und eine Spirale. Das Blatt zeigt auf einer Seite Rankenornamentik, auf der anderen einen Vogel. Silbertauschierte Äxte waren ausgesprochene Statussymbole. Der Mann aus dem Bjerringhügel gehörte zweifellos zum Kreis um den dänischen König Harald Blauzahn.

Das Schiffsgrab von Oseberg
Raum 2, Vitrine 29

Die wenigen bekannten Schiffsgräber belegen, daß es ein Privileg mächtiger Anführer und Könige war, in einem Schiff unter einem riesigen Erdhügel bestattet zu werden. Dazu zählt das einzige dänische Bootkammergrab von Ladby auf Fünen, weitere kennt man aus Borre im norwegischen Vestfold, von der Ile de Groix vor der bretonischen Küste oder aus Haithabu.
Die bedeutendsten Grablegen dieser Art sind aber die von Gokstad und Oseberg im Oslofjord (Abb. 22). Sie bargen die beiden besterhaltenen Wikingerschiffe.
Das Osebergschiff wurde 1904 ausgegraben. Man stieß auf eine Grabkammer mit den Bestattungen zweier Frauen aus der ersten Hälfte des 9. Jahrhunderts. Obwohl sie zur Wikingerzeit von Grabräubern geplündert wurde, handelt es sich um das am reichsten ausgestattete Grab Skandinaviens. Durch die Lagerung in feuchtem Boden wurden sogar Textilien, Leder, Holzgegenstände und weiteres organisches Material vorzüglich konserviert.
In dem 21,5 m langen und 5,10 m breiten Schiff fanden sich in großen Mengen Hausrat, Küchengerät, Reitzeug, über ein Dutzend Pferde, Werkzeuge, mehrere Webstühle, verschiedene, reich verzierte Fahrzeuge wie Schlitten (Abb. 23) und

Abb. 22
Das Oseberg-Schiff während der Ausgrabung im Jahre 1904. Die historische Aufnahme zeigt den reich mit Schnitzereien verzierten Vordersteven des Schiffes.

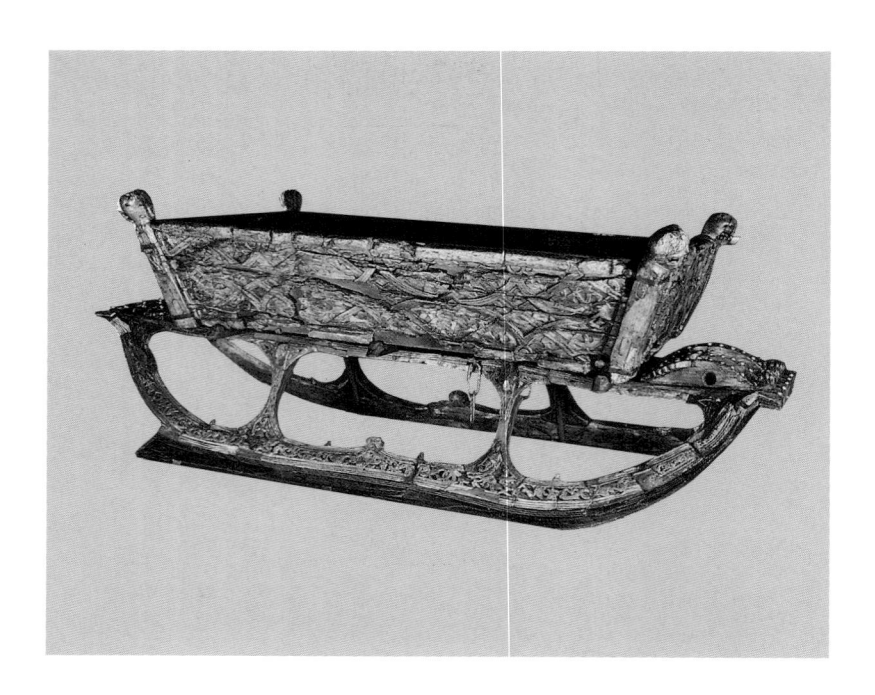

vierrädrige Wagen. Zur reichen Ausstattung zählen außerdem Zelte, drei Prunkbetten (Abb. 24), Textilien sowie zahlreiche kleinere Gegenstände der persönlichen Ausrüstung und Nahrungsmittel. Die ausgestellten Objekte – Originale und Rekonstruktionen – vermitteln einen außerordentlich detaillierten Einblick in die Lebensweise und den Wohlstand der Oberschicht zur Wikingerzeit.

Abb. 23
Einer der reichverzierten Prunkschlitten aus dem Schiffsgrab von Oseberg
9. Jh.
Universitetets Oldsaksamling

Abb. 24
Bett aus dem Schiffsgrab von Oseberg (Rekonstruktion)
Buchenholz
H. 1,59 m; L. 2,20 m; Br. 1,90 m
(Außenmaß)
Oseberg, Norwegen
Um 800–850
Universitetets Oldsaksamling, Oslo

Die vorliegende Rekonstruktion wurde nach einem der drei Betten gefertigt, die sich im Oseberg-Schiff fanden.

Der »Häuptlingshof« Borg
Raum 2, Vitrine 31

Das in Borg auf den Lofoten ergrabene Gehöft war der Sitz eines lokalen Herrschers und – jenseits des arktischen Polarkreises gelegen – eine der nördlichsten Anlagen dieser Art. Der Befund verdeutlicht, daß Skandinavier dieses Gebiet keineswegs nur saisonal aufsuchten, sondern ständig bewohnten. In dem mit 83 m ungewöhnlich langen Haupthaus fanden sich neben einheimischem Hausgerät auch importierte Luxuswaren, wie etwa fränkische Glasbecher und Weinkannen oder Schmuck aus Südskandinavien, dem Baltikum und von den Britischen Inseln. Um solche Güter erwerben zu können, reichte der landwirtschaftliche Ertrag sicher nicht aus. Der große Bootsschuppen des Hofes bestätigt, daß Grundlage dieses Reichtums eher die Jagd auf das Walroß und der Handel mit dem begehrten Walroßzahn und den Pelzen arktischer Tiere waren, wozu Schiffe benötigt wurden. Ein zeitgenössischer Bericht vom Hofe des angelsächsischen Königs Alfred des Großen erwähnt jedenfalls einen Mann namens Ottar, der noch weiter im Norden wohnte, und der mit der Jagd auf Meeressäuger und dem Eintreiben von Tributen bei den Lappen zu Wohlstand kam.

Die Beute
Raum 2, Vitrine 33–34

Die abendländischen Chroniken des Mittelalters sind erfüllt von Schreckensmeldungen über Angriffe und Überfälle der Wikinger auf Städte, Klöster und Kirchen; sie berichten von Plünderungen und Brandschatzungen seit dem späten 8. Jahrhundert.
Die ersten Überfälle verliefen handstreichartig. Genauso überraschend wie sie gekommen waren, zogen die Plünderer mit ihrer Beute wieder ab. In einer späteren Phase schlugen sie im Feindesland sogar feste Lager für längere Zeit auf, die als Stützpunkte für Beutezüge dienten. Gleichzeitig kam es zu friedlichem Handel vor allem mit Lebensmitteln, Waffen und Pferden.
In der Folge führten die immer enger werdenden Handelsbeziehungen zu einem intensiven kulturellen Austausch.
Archäologische Funde fremder Herkunft können deshalb heute kaum unterschieden werden in *Kriegsbeute* oder *Handelsware*.
Viele der reichen wikingischen Münzschätze stammen von Tributzahlungen oder Schutzgeldern, dem sogenannten Danegeld, der heimgesuchten Länder an die Nordleute.
Erbeuteter Schmuck gab oft Anregungen für skandinavische Neuschöpfungen. Die für die wikingische Frauentracht charakteristisch gewordene Kleeblattfibel hat fränkische Beschläge der Schwertaufhängung zum Vorbild. Exotische

Stücke, wie die kleine Buddhafigur aus Helgö in Schweden (Abb. 36), sind dagegen sicher als Beutestücke anzusehen, ebenso wie wertvolle Beschläge von Buchdeckeln irisch-schottischer Herkunft, die zu Fibeln (Gewandspangen) umgearbeitet wurden.

Die nordische Götterwelt
Raum 2, Vitrine 36

Die sehr komplexe nordische Mythologie basiert auf einem Weltbild, das eine aus konzentrischen Kreisen bestehende *Scheibe* annimmt. Im Zentrum lag die Heimstatt der Götter, *Asgard*, umgeben von *Midgard*, wo die Menschen leben, dann der Ozean und am jenseitigen Ufer *Jötunheim*, die Heimat der Riesen.

Obwohl man sich die Welt als zweidimensionale Scheibe vorstellte, hatte sie doch drei Ausdehnungen: *Asgard* oben, *Midgard* in der Mitte und *Niflheim*, das Totenreich, unten. Diese Reiche hielt der Weltenbaum *Yggdrasil* zusammen, die heilige Esche.

Odin erschuf die Welt aus der großen Leere, *Ginungagap* genannt. Im Gegensatz zum christlichen Glauben gibt es in der nordischen Götterwelt keine Polarisierung in Gut und Böse. Die Götter besitzen durchaus negative Eigenschaften und leben in wechselseitiger Beziehung und Abhängigkeit zu ihren Gegenspielern, den Riesen (Abb. 25).

In einer gewaltigen Schlacht werden sie sich gegenseitig töten, verheerende Naturkatastrophen werden hereinbrechen und die Welt wird in einem riesigen Feuerball unweigerlich untergehen. Diese Apokalypse nannte man *Ragnarök*, den Untergang der Götter. Aus diesem Chaos wird eine neue Erde erwachsen, auf der die Menschen und Götter in Frieden leben werden.

Die Kenntnis wikingerzeitlicher Mythologie verdanken wir vor allem den berühmten Dichtungen und Sagas. Sie wurden erst nach der Christianisierung Skandinaviens niedergeschrieben, was häufig zu Verflechtungen mit christlichen Glaubensvorstellungen führt.

Abb. 25
Statuette des Fruchtbarkeitsgottes Freyr
Bronze
H. 6,8 cm
Rällinge, Schweden
11. Jh.
Statens Historiska Museum Stockholm

Es handelt sich um eine der wenigen erhaltenen, sicher zu identifizierenden Götterbilder des Nordens.

Der neue Glaube
Raum 2, Vitrine 37

Der Wandel von der altnordischen Götterwelt zum Christentum vollzog sich in Skandinavien sehr ungleichmäßig. Erste Kontakte mit dem neuen Glauben vermittelten sicher nicht Missionare, sondern die frühen Raubzüge und Handelsbeziehungen. Daher waren die bedeutendsten Handelsplätze der Zeit um 850, Haithabu und Ribe in Dänemark und Birka in Schweden (Abb. 26), auch gleichzeitig die ältesten Missionsorte.
Trotzdem ging die Christianisierung nur sehr langsam voran und dauerte in weiten Teilen Skandinaviens bis um 1100. Abgelegene und traditionsverbundene Gebiete wie Finnland hielten am Heidentum bis ins 14. Jahrhundert fest, Lappland sogar bis ins 18. Jahrhundert.
Mit dem Übergang zum Christentum vollzog sich in den Ländern des Nordens ein kultureller und politischer Umbruch. Die Christianisierung ging von Anfang an mit einer Stärkung und Zentralisierung der Königsmacht zusammen, denn es waren der Adel und die Könige, die die neue Religion durchsetzten (Abb. 27).
Mit Beginn der Christianisierung fand die Eingliederung in die europäische Kultur statt. Der neuen Lehrreligion zufolge änderten sich allmählich die Bestattungssitten, wurden allerorts Steinkirchen errichtet und die nordische Kunst durch die Romanik abgelöst. Gleichzeitig führte das Bedürfnis, alte Traditionen zu bewahren, zur Überlieferung altnordischer Kultur in der neuen lateinischen Schrift.

Abb. 26
Kreuzanhänger
Vergoldetes Silber
L. 3,4 cm
Birka Grab 660, Uppland, Schweden
Um 900
Statens Historiska Museum, Stockholm

Das Kruzifix besteht aus zwei zusammengelöteten Blechen: einem planen Rückenblech mit Öse und dem schauseitigen Preßblech mit den Konturen der Christusfigur, die in Filigran und Granulation dargestellt ist; auch über die Öse wurden Filigrandrähte gelegt. Es handelt sich um die älteste Christusdarstellung des Nordens. Die recht grobe Filigrantechnik ist für das wikingerzeitliche Skandinavien typisch, weshalb das Kruzifix im Norden hergestellt worden sein dürfte.

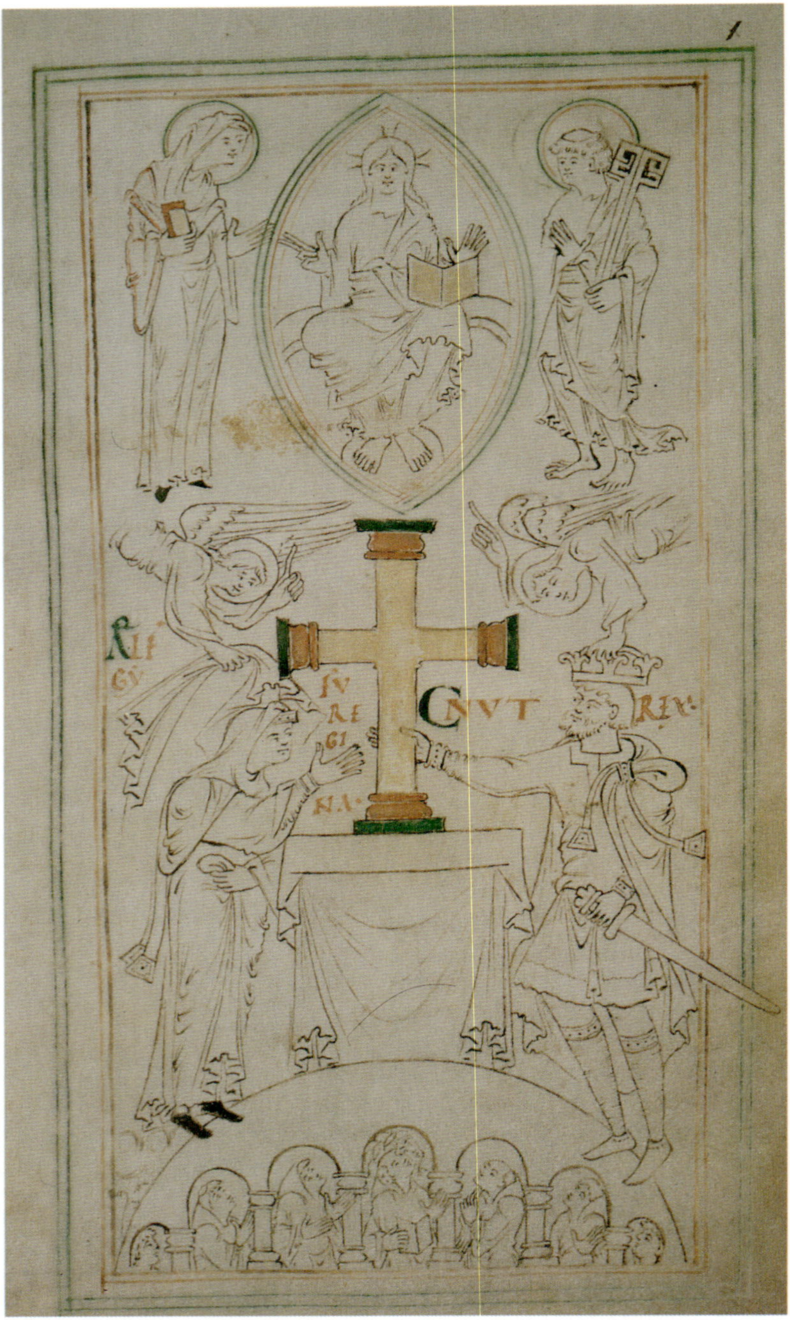
ÆLF
GY
FU
RE
GI
NA
CNUT REX

Abb. 27
Liber Vitae von New Minster
Pergament
H. 25,5 cm; Br. 15,0 cm; Umfang 69 Seiten
Winchester, New Minster, England
1031(?), mit Ergänzungen bis ins 16. Jh. Angelsächsisch
The British Library London

Ein Liber Vitae, oder Buch des Lebens, enthält eine Liste der Mitglieder, Freunde und Wohltäter einer religiösen Gemeinschaft, deren in ihren Gebeten gedacht werden soll. Das New Minster Liber Vitae wurde wahrscheinlich 1031 begonnen, wobei der Schreiber, ein Mönch namens Ælsinus, wohl auch der Künstler war. Das Buch wird von zwei kolorierten Federzeichnungen eingeleitet, von denen die erste Knut den Großen und seine Königin zeigt, die dem Kloster ein prächtiges Altarkreuz schenken. Diese Zeichnung ist die einzige zeitgenössische Darstellung Knuts des Großen. Die Namen des königlichen Paares stehen über ihren Köpfen. Die Königin wird Ælfgifu genannt. Unter diesem Namen war sie gewöhnlich in England bekannt. Sie war von Geburt Normannin und hieß ursprünglich Imme, oft zu Emma latinisiert. Über dem Kreuz sieht man Christus in der Mandorla, begleitet von den Patronen New Minsters, der Jungfrau Maria und dem Hl. Petrus. In einer Arkade zu Füßen der Spender hat Ælsinus eine Gruppe seiner Mönchskollegen gestellt.

Jelling
Raum 2, Vitrine 37

Das Denkmal-Ensemble von Jelling ist das eindrucksvollste archäologische Zeugnis skandinavischer Königsmacht.
Die schon in ältesten Quellen (Svend Aggesen, Saxo Grammaticus, beide um 1200) erwähnten Hügel wurden auf ehemaligem Krongut errichtet (Abb. 28). Man brachte sie schon früh mit Thyra und Gorm, den Eltern des dänischen Königs Harald Blauzahn (958–87), in Verbindung. Der Südhügel, mit 77 m Durchmesser und 11 m Höhe der größte Grabhügel Dänemarks, erbrachte bei Grabungen 1861 und 1941 keinerlei Funde. Unter dem Hügel wurden mehrere Monolithen festgestellt, die sich möglicherweise zu einer enormen schiffsförmigen Steinsetzung ergänzen lassen.
Der 65 m breite und 8,5 m hohe Nord-Hügel wurde über einem vorgeschichtlichen Grabhügel errichtet, in den man die eichene Grabkammer (6,75 x 2,6 x 1,45 m) einließ. Sie erwies sich bei der ersten offiziellen Grabung 1820/21 als fast vollständig beraubt, doch ließen die wenigen verbliebenen Beigaben auf eine zeitlich um 950 anzusetzende, äußerst reiche Bestattung schließen. Hierzu gehört der in der Ausstellung gezeigte kleine Silberbecher, dessen Tierstil-Ornament dem Jellingstil seinen Namen gab (Abb. 29). In den 40er und 70er Jahren dieses Jahrhunderts wurden schließlich in der Kirche Grabungen durchgeführt,

bei denen man auf eine mit der ersten der drei hölzernen Vorläuferkirchen zeitgleiche Grabkammer stieß. Sie enthielt eine Bestattung mit wenigen, aber qualitätvollen Beigaben. Dieses Grab wird nun Harald Blauzahns Vater, Gorm dem Alten, zugewiesen, der vorher in der beraubten Kammer des Nord-Hügels bestattet gewesen sein soll. Gorm kommt hierfür zum einen durch die zeitliche Stellung der Beigaben um 950 in Frage, zum anderen durch seine Erwähnung auf den beiden Runensteinen, die heute vor der Kirche genau zwischen den beiden Hügeln stehen. Auf dem Haraldstein, dem größeren, ist zu lesen: »König Harald ließ diese Kumler für Gorm seinen Vater und Thyra seine Mutter machen, der Harald, der ganz Dänemark und Norwegen gewann

Abb. 28
Luftaufnahme der beiden Königsgrabhügel von Jelling, zwischen denen die Kirche steht. Vor deren Vorhalle erkennt man die beiden großen Runensteine, weiter unten die Reste der gewaltigen schiffsförmigen Steinsetzung.

und die Dänen christlich machte.« Sehr qualitätvolle Darstellungen des gekreuzigten Christus und eines von einer Schlange umschlungenen Fabeltieres schmücken den Stein (vgl. die Kopie des Steins in Raum 2). Der kleinere Gormstein trägt folgende Inschrift: »König Gorm machte diese Kumler für Thyra, seine Gemahlin, Dänemarks Zierde«.

Abb. 29
Jellingbecher
Vergoldetes Silber mit Niello
H. 4,3 cm
Jelling, Mitteljütland, Dänemark
Mitte 10. Jh.
Danmarks Nationalmuseum
Kopenhagen

Der Becher ist einer der wenigen erhaltenen Gegenstände aus dem heidnischen Kammergrab in Dänemarks größtem Grabhügel. Vermutlich war hier König Gorm begraben, bis er nach der Einführung des Christentums in die nahegelegene Kirche transloziert wurde. In den Ornamentlinien der Außenseite befinden sch Reste von Vergoldung und Niello. Mit zwei verschlungenen bandförmigen Tieren im klassischen Jellingstil und einem dazwischenliegenden geschuppten Motiv verziert. 1820 in der Grabkammer des Nordhügels von Jelling gefunden, der jetzt dendrochronologisch auf 958/59 datiert ist.
Die Ornamentik gab dem Jellingstil seinen Namen.

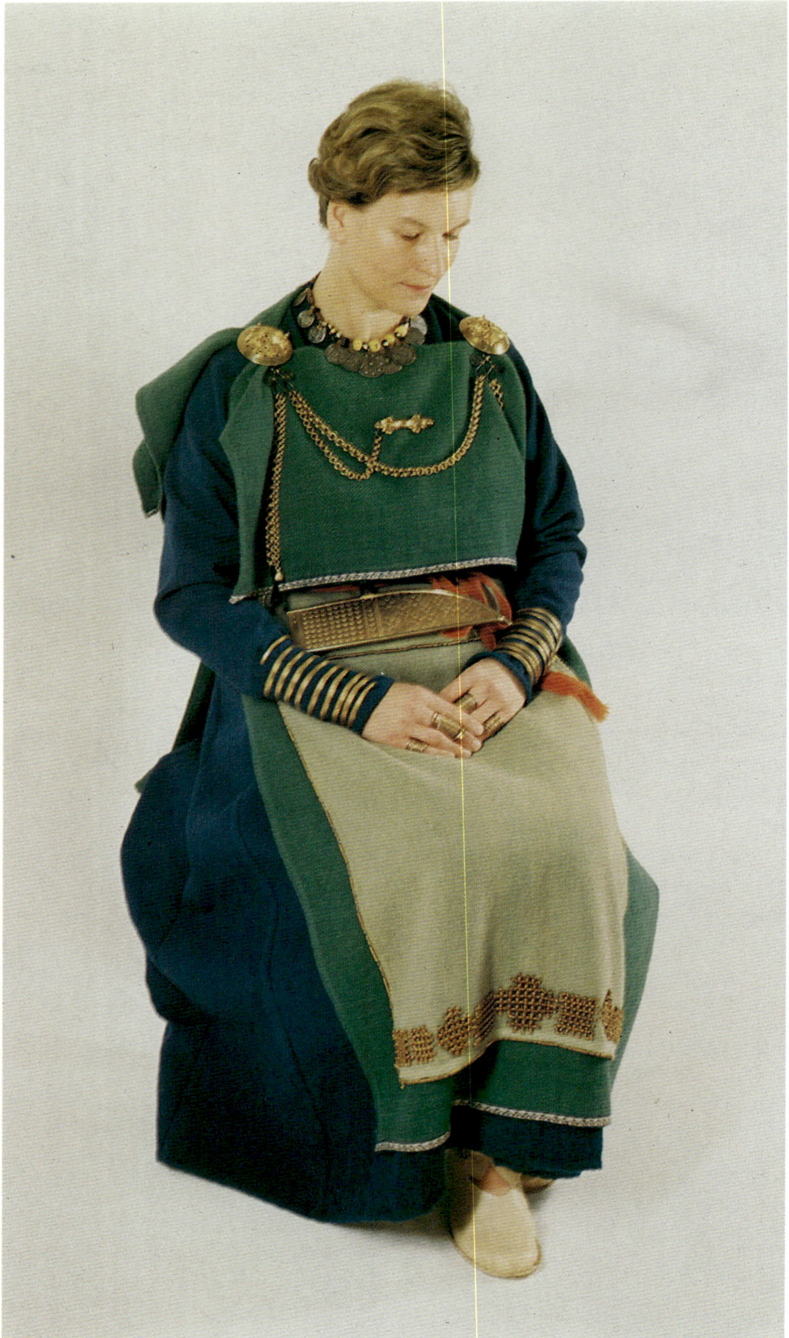

Die Finnen
Raum 2, Vitrinen 38—41, 43

Finnland ist das östlichste der nordischen Länder. Während der Wikingerzeit war es den meisten Europäern sicher unbekannt, weshalb es auch nur wenige zeitgenössische Schriftquellen über die Finnen gibt. Ihre wirtschaftliche Grundlage waren *Ackerbau* und *Viehzucht*, die *Jagd* erbrachte wertvolle Felle für den internationalen Handel. Wie das Volk der Lappen betrieben sie den *Bärenkult*, eingebunden in eine tief verwurzelte Naturreligion mit einflußreichem Schamanentum.
Über die soziale Gliederung ist wenig bekannt. Immerhin gibt es neben Seehandelsplätzen einige befestigte Siedlungen auf Bergspornen und zahlreiche Waffengräber (Abb. 19), die auf eine Führungsschicht deuten. Dieser müssen auch Frauen angehört haben, wie reiche Frauengräber mit Waffenbeigabe zeigen.
Alte Überlieferungen betonen Macht und Schönheit finnischer Frauen.
Durch die Zugehörigkeit zur *finnougrischen* Sprachgruppe unterscheiden sich die Finnen von den Skandinaviern, ebenso durch ein markantes Trachtmerkmal, das über das Baltikum nach Finnland kam: das Spiralmotiv in vielen Varianten, vor allem als Kleider-Applikation (Abb. 30).
Die *Christianisierung* hielt in Finnland äußerst langsam Einzug. Man hielt hartnäckig am traditionellen Volksglauben fest, so daß sich die westliche römisch-katholische und die östliche russisch-orthodoxe Kirche in weiten Teilen des Landes erst im 14. Jahrhundert durchsetzte, nachdem die Schweden ihre Herrschaft in Finnland gefestigt hatten. Die Ålands-Inseln vor der finnischen Westküste waren zuvor schon schwedische Kolonie.

Abb. 30
Rekonstruierte finnische Frauentracht
nach dem Grabfund 56 von
Luistari, Finnland
Um 1020—1050
Finlands Nationalmuseum
Helsinki

Typische Frauentracht Südwestfinnlands aus dem Ende der Wikingerzeit. Zur Halskette gehört die größte Zahl von Münzen aus einem finnischen Grab. Sie erlauben eine Datierung der Tracht in die Zeit nach 1018. Wegen der zahlreichen Bronzeschmuckstücke und der spiralverzierten Schürze hatten die Metalloxide Stoffreste konserviert, was eine zuverlässige Rekonstruktion der sogenannten Eura-Tracht ermöglichte.

Der Bärenkult
Raum 2, Vitrine 42

Die animistischen Glaubensvorstellungen der Finnen und Lappen beinhalteten die Verehrung von Tieren und deren Einbindung in die Zeremonien verschiedener Kulte; so etwa im Totenbrauchtum, bei dem die Verstorbenen häufig mitsamt einem Haustier bestattet wurden. Von hervorgehobener Bedeutung scheint − obgleich nicht domestiziert − der Bär gewesen zu sein. Zeichen dafür sind die sogenannten Bärengräber, in denen die erlegten Tiere gesondert beigesetzt wurden, oder die Präsenz von Bärenklauen und -zähnen in Gräbern menschlicher Individuen.
Bronzeanhänger (Abb. 31), die den Reißzähnen und Klauen des Bären nachgebildet wurden, trugen die Frauen nicht nur als reine Zierelemente an Brustketten oder als Kleiderbesatz; in erster Linie besaßen sie Amulettcharakter. Dies gilt sicher auch für die aus Ton gefertigten Bärentatzen von den Alandinseln (Abb. 32) und aus Zentralrußland.
Jüngere ethnologische Parallelen aus Finnland lassen vermuten, daß auch schon zur Wikingerzeit das Töten von Bären mit speziellen Riten und Opferfesten verbunden war. Zahlreiche Kosenamen des Bären sind bis auf den heutigen Tag überliefert. Alten Vorstellungen zufolge haben seine Zähne, Tatzen und das Fett eine heilende Wirkung.

Abb. 31
Bärenklauen-Anhänger
Bronze, Eisen
Finnland
Frühes 11. Jh.
Finlands Nationalmuseum, Helsinki

Die Anhänger hingen am Gürtel der Frauentracht und hatten wohl magische oder apotropäische Funktion.

Die Lappen
Raum 2, Vitrinen 44–45

Abb. 32
Bärentatze aus Ton
L. 9,4 cm; Br. 4,6 cm
Åland, Finnland
Finlands Nationalmuseum, Helsinki

Solche Bärentatzen aus gebranntem Ton fanden sich mehrfach in Gräbern Ålands und in Zentralrußland. Sie sind typische Hinweise auf die Verbreitung des Bärenkults, wie er vor allem aus Finnland und Lappland bekannt ist.

Das Volk der Lappen, im Norden Samen genannt, besiedelte seit der Steinzeit die nördlichen Teile Skandinaviens bis zum Ladogasee beim heutigen St. Petersburg.
Ihre Kultur unterschied sich stark von der ihrer Nachbarn. Sprachlich gehören sie der *finno-ugrischen* Gruppe an. Ihre Lebensweise war *nomadisch*, geprägt von Jagd und Fischfang. Viehzucht wurde kaum betrieben.
Gerade die Jagderzeugnisse waren begehrte Handelswaren im Norden, vor allem Pelze und Häute, das vielgerühmte Rauchwerk.
In der Religion der Lappen nahm der *Bärenkult* eine zentrale Stellung ein. Ihre geographische Abgeschiedenheit war die Ursache für eine stark ausgeprägte, eigene kultische und mythologische Tradition (Abb. 33). Deshalb konnte sich auch der christliche Glaube erst vollends im 18. Jahrhundert durchsetzen.
Durch die immer intensiveren Kontakte zu ihren germanischen, finnischen und slavischen Nachbarn verloren die Lappen ihre kulturelle Eigenständigkeit und wurden nach und nach assimiliert und in die nördlichen Regionen Skandinaviens verdrängt.

Abb. 33
Trommelschlegel einer sogenannten Runebomme
Horn, Eisen
H. 18,3 cm; Br. 13,8 cm
Nordset, Norwegen
11. Jh.
Universitetets Oldsaksamling, Oslo

Die Runebomme (»Runenkasten«) war eine Art Kulttrommel der Lappen, mit der man weissagen und in Trance versetzen konnte.

III. Die nordische Expansion

Während der Wikingerzeit zogen erhebliche Teile der skandinavischen Bevölkerung in die Fremde, um als Krieger, Kaufleute oder Kolonisatoren ihr Glück zu suchen. Von der Aussicht auf Reichtum, Ehre, Abenteuer und Machtzuwachs gereizt, oder durch Landmangel, Armut und Hunger sowie politische Probleme und Ächtung veranlaßt, blieben sie längere Zeit oder für immer fern ihrer Heimat.

Vor diesem Hintergrund erklären sich die historischen Leistungen, wie etwa die Eroberung Englands, die Besetzung der Normandie, die Handelsreisen durch Rußland nach Byzanz, die Reichsbildung der Kiewer Rus, aber auch die Besiedlung der nordatlantischen Inseln und der erstmalige Vorstoß von Europäern nach Amerika.

Die nordische Expansion beruhte im besonderen auf einem hohen schiffahrtstechnischen Leistungsvermögen, persönlicher Zähigkeit und dem Geschick, die vorgefundenen Verhältnisse bestmöglich zu nutzen. Sie erschloß Länder, die den anderen Europäern nur vage oder gar nicht bekannt waren. Überdies fand mit den Handels-, Kolonisten- und auch Kriegszügen eine wechselseitige Beeinflussung zwischen Skandinaviern und den von ihnen aufgesuchten Völkern statt, die sich nicht nur auf den Austausch materieller Güter oder technischer Kenntnisse und Fertigkeiten beschränkte, sondern auch auf religiöse oder gesellschaftsrelevante Ideen und nicht zuletzt auf orts- und personengebundene Namengebungen erstreckte.

Der Ostseeraum
Raum 3, Vitrinen 47–49

Bereits im 7. Jahrhundert sind enge Verbindungen zwischen den skandinavischen Ländern und dem *Baltikum* nachzuweisen, wie der große Handelsplatz *Grobin* in Lettland belegt, der neben reichhaltigen Siedlungsfunden zahlreiche Grabbeigaben skandinavischer Provenienz erbrachte.

Die Funktion geographischer Brückenköpfe für die Ostexpansion während der Wikingerzeit kam den Ostseeinseln Bornholm, Gotland und den Ålandinseln zu.

Sowohl Handelsbeziehungen als auch kriegerische Übergriffe intensivierten den Kontakt vor allem zu den südlichen Ostseeanrainern (Abb. 35). In den *westslawischen Küstengebieten* lebten im heutigen Ostholstein und in Mecklenburg die Obodriten, auf der Insel Rügen die Rugier; als bedeutende archäologische Komplexe seien hier der Seehandelsplatz *Ralswiek* (Abb. 40) und der Schatzfund von *Hiddensee* (Abb. 34) genannt. Weiter östlich waren die Wilzen beheimatet, im heutigen West- und Ostpreußen schließlich die Wolliner und die Pomoranen.

Nach anfänglich stetem Handel und Austausch kam es zur Gründung skandinavischer *Kaufmannssiedlungen* auf slawischen Gebieten, bis schließlich entlang der gesamten Ostseeküste von Jütland bis zum Baltikum und nach Finnland ein dichtes Netz geknüpft war.

Daneben kam es aber auch zu gegenseitigen Kriegszügen, wie der Zerstörung der obodritischen Handelsstadt Reric bei Wismar im Jahre 808. Im Gegenzug verwüsteten die Obodriten 1066 die Wikingerstadt Haithabu.

Vom Ostseeraum aus nahm die weitgreifende *Ostexpansion* ihren Ausgang.

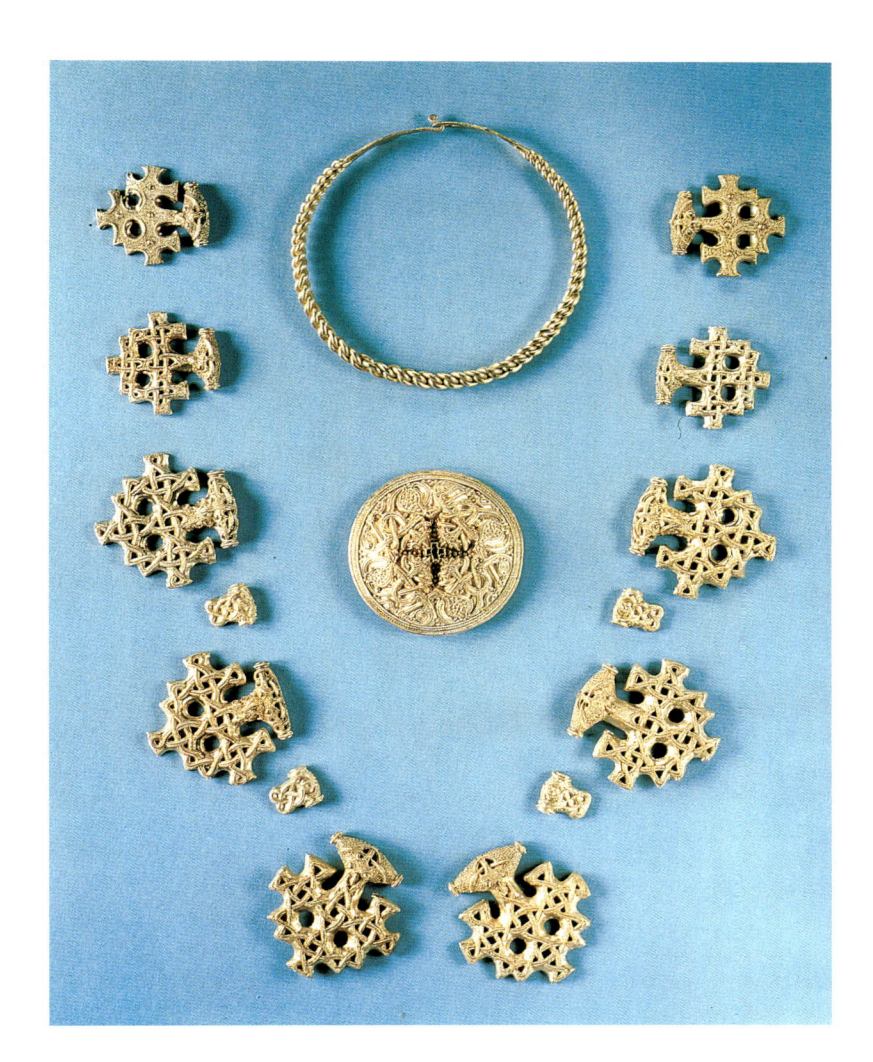

Abb. 34
Der Goldschmuck von Hiddensee
Rügen, Deutschland
Kulturhistorisches Museum,
Stralsund

Das Schmuckensemble mit einem Goldgewicht von insgesamt 574 Gramm wurde zwischen 1872 und 1874 bei Sturmfluten aus einer Stranddüne der unmittelbar westlich von Rügen gelegenen Insel Hiddensee freigespült. Der Schatz besteht aus einem geflochtenen Halsring, einer Zierscheibe mit roten Steineinlagen (Dm 8 cm) und vierzehn teils durchbrochen gearbeiteten thorshammerförmigen Anhängern eines Halskolliers. Die reich ornamentierten, granulierten und filigranverzierten Schmuckstücke sind zweifelsfrei eine skandinavische Goldschmiedearbeit des 11. Jahrhunderts.

Abb. 35
Der Schrein von Cammin
L. 56 cm; Br. 13,5 cm; H. 26,0 cm
11. Jahrhundert

Der reich verzierte, hausförmige Kasten skandinavischer Produktion besteht aus im Mammenstil verzierten Elchgeweihplatten in vergoldeten Buntmetallfassungen und plastischen Tierkopfprotomen über einem Holzkorpus. Dieses Meisterwerk nordischen Kunstschaffens diente über Jahrhunderte als Reliquienschrein im Dom von Cammin in Pommern. Das Original ist seit dem Ende des Zweiten Weltkrieges verschollen.

Österled –
Der Weg nach Osten
Raum 3, Vitrinen 50–57

Schon seit alters bestanden enge Kontakte zwischen Skandinavien und den Gebieten um die Ostsee. In der Wikingerzeit kam es zu einem gewaltigen Ausbau der Handelswege nach Osten, dem *Österled*. Ein *internationales Handelsnetz* entstand. Alt-Ladoga wurde in der Mitte des 8. Jahrhunderts gegründet – Gorodisce, Nowgorod und Kiew folgten.
Bei der Entstehung des Kiewer Reiches, dessen Fürstengeschlechter selbst Skandinavier waren, spielten Nordleute die entscheidende Rolle. Ab Mitte des 10. Jahrhunderts wird das Kiewer Reich *Rus* genannt, nachdem altrussische, byzantinische und arabische Quellen die skandinavischen Händler und Krieger seit dem 9. Jahrhundert mit dem altnordischen Wort Rus (wohl von »rudern«) benannten. In anderen Schriften tragen die Wikinger, die den Österled befuhren, den Namen *Waräger*.
Der *Österled* erstreckte sich in seiner Blüte über das osteuropäische Stromsystem bis nach Byzanz und über den Kaukasus ins Kalifat. Die wechselseitigen Beziehungen bis in die islamische Welt beleuchten schlaglichtartig archäologische Funde: neben Exotischem, wie einer in Uppland gefundenen nordindischen Buddhafigur (Abb. 36), beweisen Grabfunde den orientalischen Einfluß auf Tracht und Schmuck des Nordens (Abb. 37). Umgekehrt finden sich Runeninschriften in der Hagia Sophia, der byzantinischen Hauptkirche in Konstantinopel oder auf einem antiken Marmor-Löwen in Piräus als eindeutige Beweise nordischer Kontakte.

Abb. 36
Buddha-Bildnis
6./7. Jh.
Statens Historiska Museum, Stockholm
Die 8,4 cm hohe Buddha-Figur aus Bronze mit goldenem Kastenzeichen auf der Stirn und bemalten Lippen stammt wahrscheinlich aus Nordindien. Sie wurde bei Ausgrabungen in der frühgeschichtlichen Siedlung auf der Insel Helgö (=heilige Insel) im Mälar-See, Schweden, gefunden. Der Buddha ist der exotischste Importgegenstand aus dem »vorwikingerzeitlichen« Handels- und Handwerkszentrum in Mittelschweden, das als Vorläufer von Birka und später Sigtuna als wichtige Station im nordeuropäischen Ost-West-Handel gelten darf.

**Abb. 37 und 38
Schatz von Gnezdowo bei
Smolensk, Rußland**
10. Jh.
Skandinavisch, slawisch, orientalisch

Der große, 1868 entdeckte Silberschatz ist Rußlands reichster wikingerzeitlicher Hortfund. Er besteht fast ausschließlich aus Schmuck, meist slawischen oder skandinavischen, einige Stücke orientalisch/steppennomadischen Charakters. Unter dem slawischen Schmuck treten besonders die vielen für das Dnjepr-Gebiet typischen Lunulaanhänger hervor, unter den skandinavischen Funden die Rundfibeln mit plastischen Tierfiguren sowie der vielen gegossenen Anhänger. Der Filigrandekor auf dem einzigartigen röhrenförmigen Halsring, dessen Trageweise unklar ist (an Götterbildern?), ist von skandinavisch/westlichem Charakter.

Die bronzenen Ovalfibeln und das Eisenschwert sind für einen Schatzfund sehr ungewöhnlich; vielleicht gehören sie nicht hierzu, sondern zu Gräbern, die gleichzeitig mit dem Schatz geborgen wurden.

63

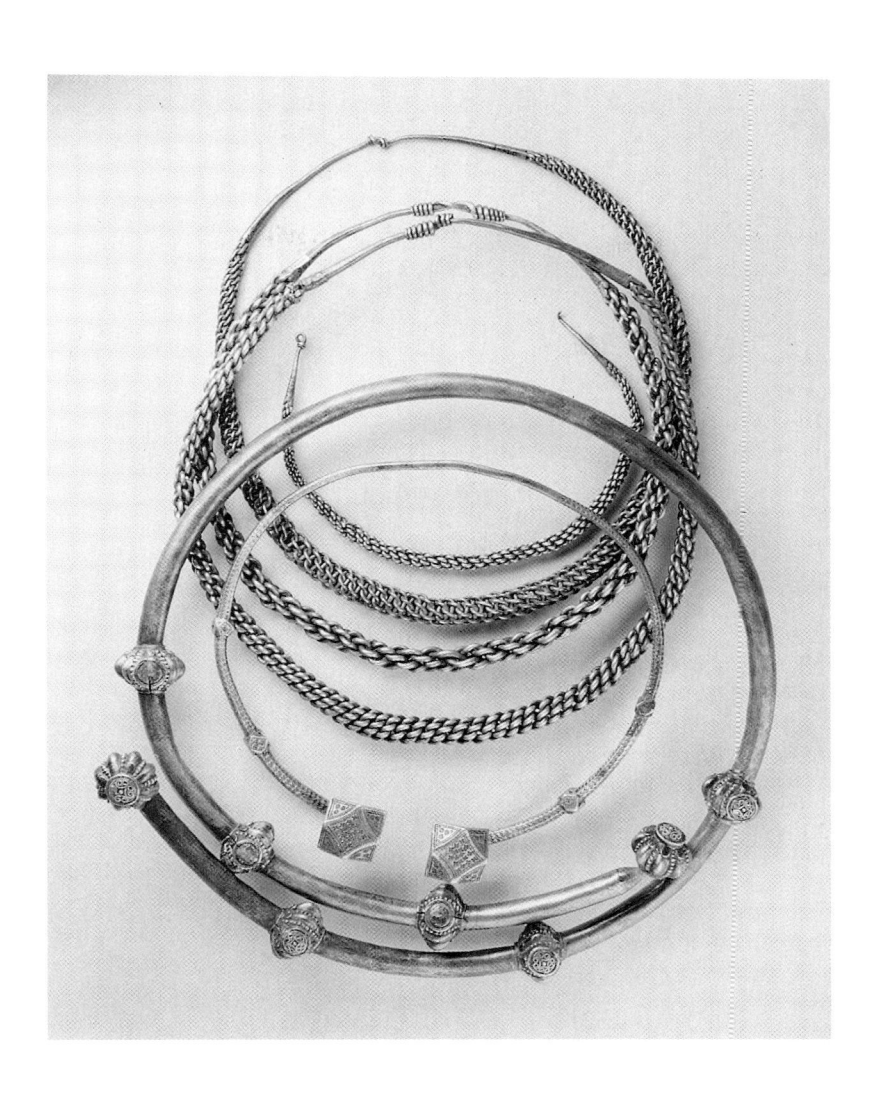

Abb. 39
Prunkaxt
L. 6,0 cm
Kazan-Gebiet, Rußland
Erste Hälfte 11. Jh.

Die kleine Hammeraxt trägt reiche Gold- und Silbereinlagen. Auf der einen Seite des Blattes erkennt man einen Lebensbaum, der von zwei Vögeln flankiert wird, auf der anderen Seite einen bandförmigen Drachen, der von einem Schwert durchbohrt wird, und auf beiden Seiten des Rundels über dem Schaftloch den Buchstaben »A«. Der Axttyp ist steppennomadischen Ursprungs, während der Dekor vornehmlich von Byzanz und Skandinavien inspiriert sein dürfte. Ein von einem Schwert durchbohrter Drache ist ein häufiges Motiv in der skandinavischen Kunst, z. B. auf Runensteinen, wo es den Drachen darstellt, wie er vom Schwert Gram des Helden Sigurd durchbohrt wird.

Der Schatzfund von Ralswiek
Vitrine 49

Der Schatz wurde im Verlauf der seit 1972 auf der Hauptsiedlung durchgeführten systematischen Ausgrabungen im Jahre 1973 unter dem Schutt des Hauses 157/16 entdeckt. Er war in einem Korb aus Weidengeflecht eingelagert worden. Der Korb wurde vor dem Ofen des Hauses vergraben; die Vergrabungsstelle ist sodann mit Ofenasche überdeckt worden. Das Gebäude selbst gehörte zur Siedlung B von Ralswiek und brannte – ebenso wie der größte Teil der Siedlung – in der Mitte des 9. Jahrhunderts nieder. Es darf als sicher gelten, daß der Eigentümer des Schatzes dabei umkam oder verschleppt wurde. Jedenfalls fand er keine Gelegenheit zur Bergung des bedeutenden Vermögens.

Der Flechtkorb mitsamt dem Schatz wurde während der Grabungen als Block geborgen und in der Präparations- und Konservierungswerkstatt des Museums für Ur- und Frühgeschichte in Potsdam systematisch untersucht, vor allem im Hinblick auf Münzeinlagerung und Münzschichten.

Der Schatz umfaßt 2211 Silbermünzen (Ganzstücke und Fragmente. Abb. 40) im Gesamtgewicht von 2750 g sowie das Bruchstück eines Armringes vom Permer Typ. Die Mehrzahl der Münzen sind Fragmente, unter denen kleine – Drittel- oder Viertel-Dirham – vorherrschen. Die jüngsten Prägungen sind ein Dirham des Kalifen al-Mu'tasim (218–227 AH/ AH/833–842 AD) des Jahres 255 AH (839/40 AD) aus Madīnat al-Salām (Nr. 47) und ein Dirhamfragment des Kalifen al-Wathiq (227–232 AH/842–847 AD) (Nr. 48). Da dies die einzige Münze dieses Kalifen im Fund ist (von seinem Vorgänger al-Mu'tasim fanden sich mindestens 18 Ex.), darf man annehmen, daß sie in den Anfang seiner Regierungszeit gehört und vielleicht schon im ersten Regierungsjahr 227 AH (841/42 AD) geprägt worden ist. Für diese Vermutung spricht, daß es eine ganze Reihe von Schätzen mit Schlußmünzen von 227 AH (841/42 AD) gibt, während andererseits Schatzfunde mit späteren Prägungen al-Watiqs als Schlußmünzen fehlen. So läßt sich als Schlußdatum für den Schatz von Ralswiek das Jahr 227 AH (841/42 AD) annehmen. Die Zusammensetzung des Ralswieker Fundes ist charakteristisch für die Münzschätze des Ostseeraumes in der ersten Hälfte des 9. Jahrhunderts. Er umfaßt sasanidische Drachmen, Dirham der Umaijaden, 'Abbasiden, Idrisiden, Aglabiden und Tahiriden sowie einige numismatisch interessante Nachprägungen (s. Kat. 61–66). In das Ostseegebiet gelangte der Schatz wahrscheinlich über die Karawanenstraße bis Bolgar und von dort über einen den wikingerzeitlichen Fernhändlern wohlbekannten Weg über Staraja Ladoga in das Ostseegebiet.

Die Münzen des Fundes wurden von Frau Dr. J. Stěpková, Prag, bestimmt und geordnet. Herr Dr. A. Fomin, Moskau, hat dies fortgesetzt. Die hier für die Ausstellung vorgenommene Auswahl der Fundmünzen beruht auf den Manuskripten beider.

Abb. 40
Der Münzschatz von Ralswiek, Insel Rügen, Deutschland.

Im Vordergrund erkennt man den silbernen Armring.
Schatz: 1. Hälfte 9. Jh.
Hände: 2. Hälfte 20. Jh.
Münzkabinett der Staatlichen Museen zu Berlin

Zusammensetzung des
Münzschatzfundes
von Ralswiek 1973
(nach Stěpková/Fomin)

I	Sasaniden	107 Ex.
II	Arabo-Sasaniden	25 Ex.
III	Ispahbeden von Ṭabaristān	5 Ex.
IV	'Abbasiden als Gouverneure von Ṭabaristān	25 Ex.
	Ṭabaristān-Typ (Fragmente)	50 Ex.
V	Umaijaden	333 Ex.

Mst. Abrašahr 2 Ex.
Mst. Adharbaiğān 1 Ex.
Mst. Ardešir Chūrra
 3 Ex.
Mst. Armīnīja 2 Ex.
Mst. Isṭachr 3 Ex.
Mst. Ifriqija 1 Ex.
Mst. al-Andalus 3 Ex.
Mst. al-Basra 10 Ex.
Mst. Balch 2 Ex.
Mst. al-Gazīra 4 Ex.
Mst. Gundai Sābūr 1 Ex.
Mst. Gaij 3 Ex.
Mst. Dārābğird 2 Ex.
Mst. Dimešq 37 Ex.
Mst. Sābūr 4 Ex.
Mst. Surraq 1 Ex.
Mst. Suq al-Ahwāz 2 Ex.
Mst. al-Furāt 2 Ex.
Mst. Kirmān 1 Ex.
Mst. al-Kūfa 1 Ex.
Mst. Māhī 2 Ex.
Mst. al-Mubāraka 3 Ex.
Mst. Marw 2 Ex.
Mst. Nahr Tīra 1 Ex.
Mst. Harāt 1 Ex.
Mst. Wāsit 70 Ex.
Mst. nicht erkennbar
 169 Ex.

VI	Umaijaden von al-Andalus	3 Ex.
VII	'Abbāsiden, Revolution 128–132 AH (745–749 AD)	2 Ex.
VIII	'Abbāsiden, Kalifen 132–227 AH (749–843 AD)	1361 Ex.

Mst. Madīnat Abrašāhr
 2 Ex.
Mst. Arrān 14 Ex.
Mst. Armīnīja 7 Ex.
Mst. Madīnat Iṣbahān
 33 Ex.
Mst. Ifrīqīja 13 Ex.
Mst. Madīnat Buchārā
 15 Ex.
Mst. al-Basra 59 Ex.
Mst. Madīnat Balch
 40 Ex.
Mst. Madīnat Gaij 6 Ex.
Mst. al-Rafiqah 5 Ex.
Mst. al-Raij 4 Ex.
Mst. Madīnat Zarang
 38 Ex.
Mst. Siğistān 3 Ex.
Mst. Madīnat Samarqand 39 Ex.
Mst. Sūq al-Ahwāz
 1 Ex.
Mst. Ṭabaristān 5 Ex.
Mst. al-'Abbāsīja 76 Ex.
Mst. Kīrmān 7 Ex.
Mst. al-Kūfa 40 Ex.
Mst. al-Mubāraka 2 Ex.
Mst. al-Muhammadīja
 178 Ex.
Mst. Madīnat al-Salām
 417 Ex.
Mst. Madīnat Marw
 11 Ex.
Mst. Misr 3 Ex.
Mst. Ma'din Bāğunais
 8 Ex.
Mst. Ma'din al-Šāš
 16 Ex.
Mst. Madīnat Nīsabur
 16 Ex.

Mst. Hārūnābād 4 Ex.
Mst. al-Harūnīja 5 Ex.
Mst. Harāt 5 Ex.
Mst. Wāsit 1 Ex.
Mst. nicht erkennbar
(Fragmente) 184 Ex.

IX	Idrīsiden	20 Ex.
X	Gouverneure von Tudga	12 Ex.
XI	Aglabiden	7 Ex.
XII	Ṭāhiriden	26 Ex.

Mst. Madīnat Samarqand 14 Ex.
Mst. Madīnat Harāt
 4 Ex.
Mst. nicht erkennbar
(Fragmente) 8 Ex.

XIII	Nachprägungen	35 Ex.
XIV	unbestimmbare Bruchstücke	199 Ex.

Fund Ralswiek (Münzenauswahl)

I. **Sasaniden**
1. Hormizd IV. (579–590)
2. Hormizd IV. (579–590)
3. Husraw II. (550–628)

II. **Arabo-sasanidische Münzen**
Umaijaden
4. 'Ubeidallāh b. Zijād, Mst. Dārābğird, 58 AH (677/78 AD)
5. al-Mūhallab b. Abī Sufra, Mst. Ardešīr Churra, 76 AH (695/96 AD)

III. **Ispahbeden von Ṭabaristān**
6. Hůřsīd (740–761), Mst. Ṭabaristān, 125 AH (742/43 AD)

IV. **'Abbāsiden als Gouverneure von Ṭabaristān**
7. 'Umar b. al-'Alā (mit Pahlawi-Namen), Mst. Ṭabaristān, 155 AH (771/72 AD)
8. 'Umar b. al-'Alā (mit arabischem Namen), Mst. Ṭabaristān, 156 AH (772/73 AD)
9. Typ »Afzūt«, Mst. Ṭabaristān, 165 AH (781/82 AD)

V. **Umaijaden**
10. Mst. Abrašahr, 95 AH (713/14 AD)
11. Mst. Ardešir Chūrra, 94 AH (712/13 AD)
12. Mst. al-Baṣra, 81 AH (700/701 AD)
13. Mst. Gaij, (9)2 AH (710/11 AD)
14. Mst. Dimešq, 113 AH (731/32 AD)
15. Mst. Sābūr, 81 AH (700/701 AD)
16. Mst. Māhī, 91 AH (709/10 AD)
17. Mst. Nahr Tīra, 94 AH (712/13 AD)
18. Mst. Wāsit, 92 AH (710/11 AD)
19. Mst. Wāsit, 121 AH (738/39 AD)
20. Mst. Wāsit, 130 AH (747/48 AD)

VI. **Umaijaden von al-Andalus**
21. 'Abd al-Rahman I. (756–788), Mst. al-Andalus (mit Henkel)

VII. **'Abbāsiden**
Revolution von 128–132 AH (745–749 AD)
22. Mst. Gaij, 128 AH (745/46 AD)

VIII. **'Abbāsiden**
Kalifen, Zeitraum 132–227 AH (749–843 AD)
23. Mst. Arminija, 161 AH (777/78 AD)
24. Mst. Madīnat Iṣbahān, 202 AH (817/18 AD)
25. Mst. Ifriqīja, 169 AH (785/86 AD) (mit Henkel)
26. Mst. Madīnat Buchārā, 194 AH (809/10 AD)
27. Mst. al-Baṣra, 134 AH (751/52 AD)
28. Mst. al-Baṣra, 146 AH (763/64 AD)

29. Mst. Madīnat Balch, 186 AH (802 AD)
30. Mst. Madīnat Balch, 188 AH (803/804 AD)
31. Mst. Madīnat Gaij, 162 AH (778/79 AD)
32. Mst. al-Rafiqah, 193 AH (808/809 AD)
33. Mst. al-Raij, 148 AH (765/66 AD)
34. Mst. Madīnat Zarang̈, 181 AH (797/98 AD)
35. Mst. Sig̈istān, 171 AH (787/88 AD)
36. Mst. Madīnat Samarqand, 193 AH (808/809 AD)
37. Mst. Madīnat Samarqand, 195 AH (810/11 AD)
38. Mst. Sūq al-Ahwāz, 134 AH (751/52 AD)
39. Mst. Ṭabaristān, 190 AH (805/806 AD)
40. Mst. al-'Abbāsīja, 167 AH (783/84 AD)
41. Mst. Kirmān, 168 AH (784/85 AD)
42. Mst. al-Kūfa, 141 AH (758/59 AD)
43. Mst. al-Muhammadīja, 166 AH (782/83 AD)
44. Mst. al-Muhammadīja, 207 AH (822/23 AD)
45. Mst. Madīnat al-Salām, 158 AH (774/75 AD)
46. Mst. Madīnat al-Salām, 213 AH (828/29 AD)
47. Mst. Madīnat al-Salām, 225 AH (839/40 AD)
48. Mst. Madīnat al-Salām, nach 227 AH (842 AD)

Nr. 47 und 48 sind die jüngsten Münzen des Fundes
49. Mst. Madīnat Marw, 217 AH (832/33 AD)
50. Mst. Ma'din al-Šāš, 190 AH (805/806 AD)
51. Mst. Madīnat Nīsabur, 194 AH (809/10 AD)
52. Mst. Hārūnābād, 169 AH (785/86 AD)
53. Mst. al-Harūnījā, 170 AH (786/87 AD)
54. Mst. Harāt, 93 AH (808/09 AD)

IX. Idrīsiden
Idris I. (788–793)
55. Mst. Tudga, 173 AH (789/90 AD)
56. Mst. Walīla, 174 AH (790/91 AD)

X. Gouverneure von Tudga
Halaf b. Moda
57. Mst. Tudga, 175 AH (791/92 AD)

XI. Aglabiden
Ibrahim I. (800–811)
58. Mst. Ifriqija, 190 AH (805/06 AD) (geschnittene Hälfte)

XII. Tāhiriden
Ṭalha (822–828)
59. Mst. Madīnat Harāt, 206 AH (821/22 AD)
'Abdallāh b. Ṭāhir (828–844)
60. Mst. Madīnat Samarqand, 217 AH (832/33 AD)

XIII. Nachahmungen
Chasaren

Skandinavier in Rußland
Raum 3, Vitrine 53

61

61. »Ard al-Khazar 223 AH (837/38 AD)«
62. »Ard al-Khazar 223 AH (837/38 AD)«
Nachahmungen umaijadischer Dirham
63. »Umaijaden, al-Basra, 90 AH (708/09 AD)«
Nachahmungen abbasidischer Dirham
64. »'Abbāsiden, Ifriqija, 163 AH (779/80 AD)«
65. »'Abbāsiden, Madīnat al-Salām, 190 AH (805/806 AD)«
66. »'Abbāsiden, Madīnat Samarqand, 108 AH (726/27 AD)«

Bernd Kluge

Entlang der Handelsroute Ladogasee – Wolchow – Ilmensee – Düna – Dnjepr, die die Ostsee mit dem Schwarzen Meer verband, und der Wolga-Route zum Kaspischen Meer entstanden an verkehrstechnisch und strategisch günstigen Orten bedeutende ökonomische und politische Zentren mit einer ethnisch gemischten Bevölkerung. In Staraia (Alt-)*Ladoga* an der Wolchowmündung, nahe St. Petersburg, *Gorodisce und Nowgorod* am Ilmensee, *Gnezdovo* bei Smolensk und *Kiew* lebten einheimische Slawen neben Fremdstämmigen aus aller Herren Länder. Zahlreiche Skandinavier nahmen dort nicht nur zeitweilig, sondern auf Dauer Wohnsitz samt ihren Familien.

Die stadtartigen Siedlungen boten eine an den Fernhandel angepaßte Infrastruktur, wie etwa Hafenanlagen, Lagerhäuser, Marktordnungen und Verteidigungsanlagen.

Es waren aber nicht nur Kaufleute und Krieger, sondern auch Handwerker und Bauern, die sich dauerhaft in Osteuropa niederließen und ihre skandinavischen Traditionen mit sich brachten bzw. weiterpflegten. Sie bestatteten ihre Toten nach eigenen Sitten auf separaten Friedhöfen und wohnten anscheinend teilweise in gesonderten Stadtvierteln. Dennoch war die gegenseitige kulturelle Beeinflussung zwischen diesen Nordleuten, die dort seinerzeit Waräger oder Rus genannt wurden, und den Einheimischen sowie den angereisten

Fremden groß. Archäologische Funde belegen die Übernahme von Trachtelementen, Zierstilen und Bewaffnungsformen (Abb. 39); schriftliche Quellen berichten von weitreichenden Einflußnahmen der Skandinavier auf das politische Geschehen in diesem Gebiet.

Färöer, Island, Grönland – Der Weg nach Amerika
Raum 3, Vitrinen 58–62

1992 ist der 500. Jahrestag der Entdeckung Amerikas – durch Kolumbus. Doch schon ein halbes Jahrtausend zuvor erreichten Wikinger unter ihrem Anführer Leif Eriksson die Ostküste Nordamerikas, das *Vinland* der isländischen Sagas. Die Unterwerfung ganz Norwegens durch Harald Schönhaar im Jahre 872 führte seit Ende des 9. Jahrhunderts zu einer Auswanderungswelle gen Westen, die zunächst die Inselgruppen der Orkneys und Shetlands sowie der Hebriden und *Färöer* erreichte. Von dort aus kam es wenige Jahre später zur Entdeckung und Besiedlung der ca. 450 km entfernter Insel *Island*, worüber die *Landnamabók* (12. Jahrhundert) berichtet. In der Hauksbók (Abb. 41) wird beschrieben, wie Erik der Rote Island verlassen mußte und 985/86 *Grönland* entdeckte, wohin ihm zahlreiche Siedler folgten.
Sein Sohn Leif wird als erster Vinland-Fahrer gerühmt.
Eine regelrechte Landnahme in Amerika wurde wohl durch die Ureinwohner, die sogenannten *Skrälinger* (Indianer oder Eskimos) vereitelt.
Lange Zeit hielt man die Vinland-Fahrten der nordischen Sagas für unglaubwürdig. Archäologische Beweise räumten aber alle Zweifel aus, als man an der Nordspitze Neufundlands vor Kanadas Ostküste die Überreste einer wikingischen Ansiedlung aus der Zeit um

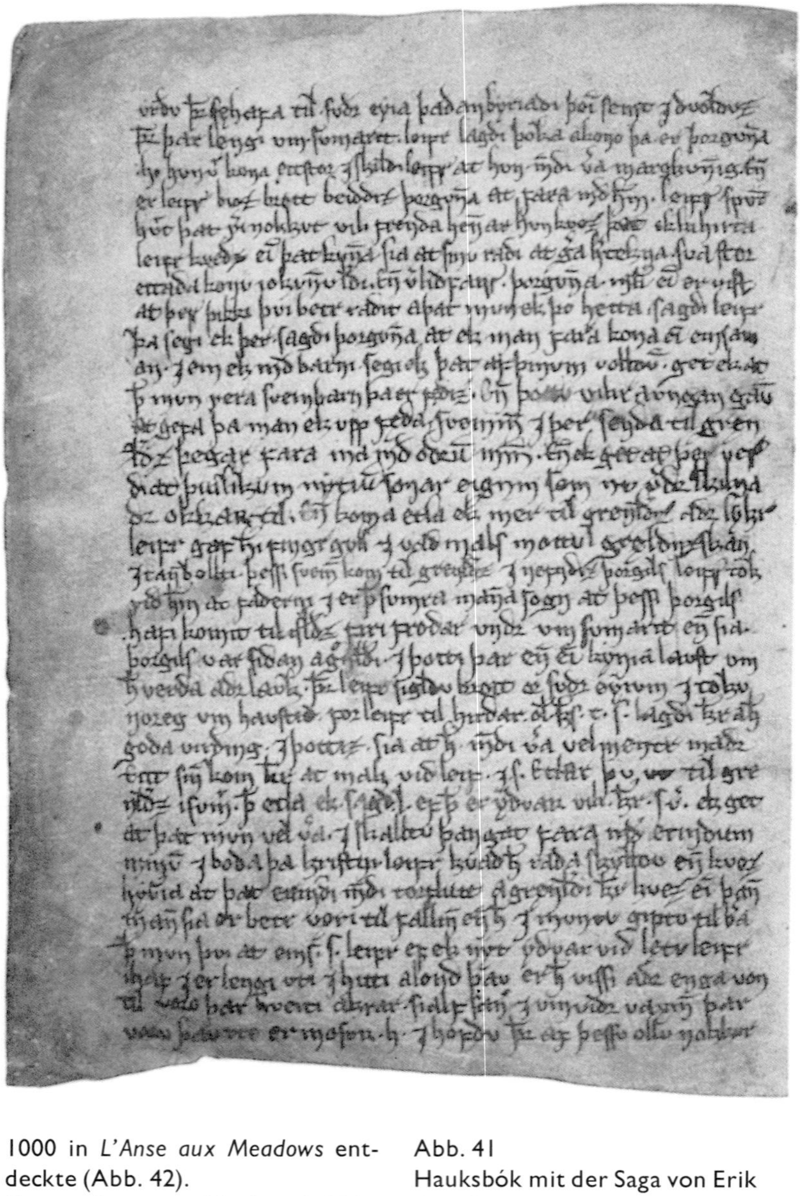

1000 in *L'Anse aux Meadows* entdeckte (Abb. 42).
Es ist nicht auszuschließen, daß Kolumbus durch die Island-Sagas von Vinland wußte und es in seine Reisepläne einbezog.

Abb. 41
Hauksbók mit der Saga von Erik dem Roten
Pergament
24,3 × 15,8 × 7,0 cm
Frühes 14. Jh.

Aufgeschlagen ist die Sage Eriks des Roten, die über die erste Besiedlung Grönlands und die Erforschung der nordamerikanischen Küstengebiete durch die Wikinger berichtet. Eriks Sohn Leif der Glückliche befindet sich auf der Heimfahrt von Norwegen, um entsprechend der Aufforderung König Olaf Tryggvasons auf Grönland das Christentum zu verbreiten, doch er kommt vom Kurs ab und treibt mit den Winden westwärts, wo er als erster Vinland findet. Die Saga Erik des Roten wurde wohl im 13. Jh. verfaßt.

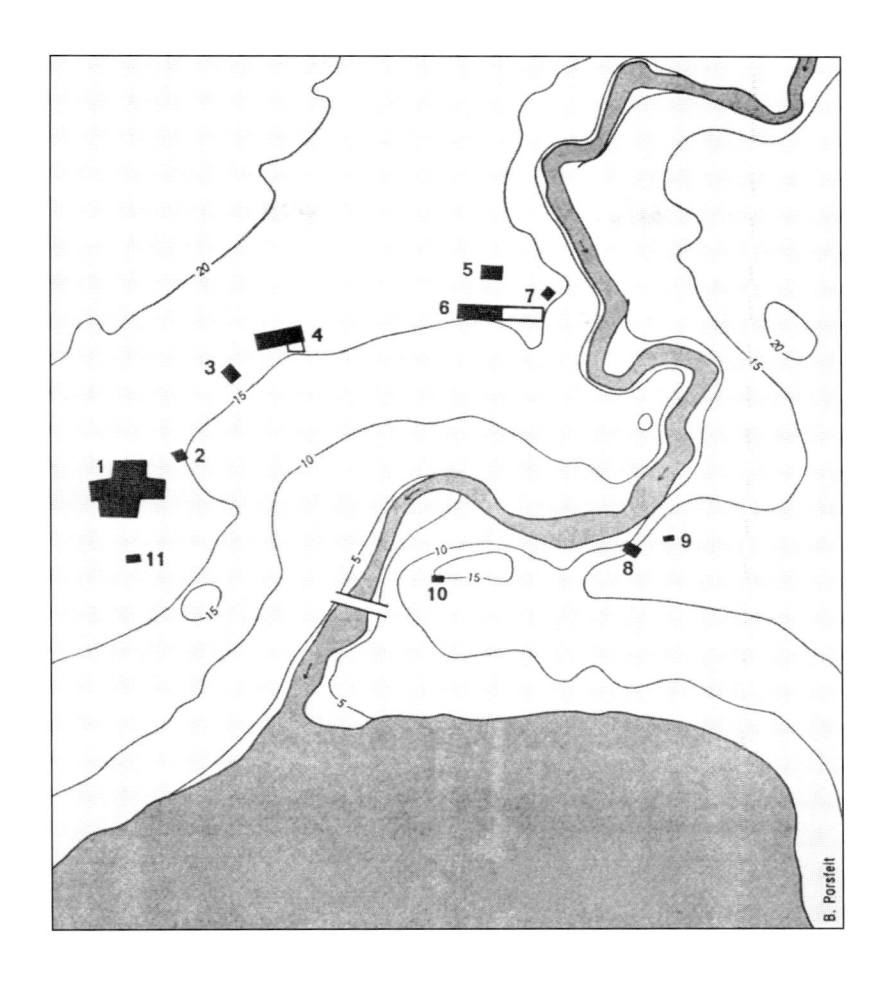

Abb. 42 (S. 78)
Übersichtskarte von L'Anse aux Meadows
Sie zeigt die ergrabenen Befunde.
1–7: verschiedene Hausstellen, zum Teil mit Herdspuren
8: die Schmiede
9: große Grube mit Kohleresten, wohl ein Kohlemeiler
10–11: größere Kochstellen

Weitere Befunde wie Gruben und kleinere Abbauten sind in diesem Plan nicht eingezeichnet

L'Anse aux Meadows
Raum 3, Vitrine 62

In den mittelalterlichen Handschriften des Nordens finden sich wenige Erwähnungen und Berichte über Fahrten nach Markland, Helluland und Vinland, die fern im Westen von Grönland liegen sollen.

Die bekanntesten dieser Berichte sind die in Island verfaßte Saga Eriks des Roten und die Grönländer Saga. Deren Wahrheitsgehalt war allerdings lange umstritten.

Alle Funde, die die Anwesenheit von Wikingern in Amerika beweisen sollten, erwiesen sich bisher als Fälschungen oder stammten aus der Zeit nach Kolumbus.

Erst in den 60er Jahren dieses Jahrhunderts konnte der archäologische Beweis erbracht werden, daß die Sagas recht hatten.

An der Nordspitze Neufundlands vor Kanadas Ostküste entdeckte man die Überreste einer kleinen Aussiedlung in L'Anse aux Meadows. Neben wenigen Hausgrundrissen mit Herdstellen konnten eine Schmiede, ein Kohlemeiler und vier bis fünf Hüttenstellen freigelegt werden (Abb. 42).

L'Anse aux Meadows war sicher nicht dauerhaft besiedelt, sondern diente eher als vorübergehender Stützpunkt für weitere Erkundungsfahrten. Daher fanden sich auch nur spärliche archäologische Hinterlassenschaften. Zu den wenigen aussagekräftigen Stücken zählt der ausgestellte Spinnwirtel aus Speckstein, der überzeugende Parallelen in wikingischen Siedlungen auf Grönland und Island besitzt.

Die Funde stammen aus der Zeit um 1000; Wikinger hatten dieses Land also bereits 500 Jahre vor Kolumbus betreten.

IV. Traditionen im Wandel

Die nordische Expansion führte nach Festigung der Beziehungen zu den neu erschlossenen Ländern zu intensiven Kontakten mit neuen politischen Systemen, Gesellschaftsformen, Glaubensvorstellungen, Kulturströmungen und Kunstformen. Wichtigstes Initial des Kulturwandels war die Christianisierung Skandinaviens. Sie hatte die Herausbildung zentraler Herrschaftsstrukturen zur Folge, die unter Knut dem Großen (1016–35) eine regelrechte Großmachtpolitik ermöglichten. Als gleichberechtigter christlicher Herrscher von den Königen Europas anerkannt, entwickelte sich unter Knut ein intensiver politischer und kultureller Austausch. Gesetzgebung, Steuererhebung, Münzprägung und Heergewalt unterstanden nun weitgehend der Königsmacht.
Parallel zur Herausbildung einer nationalen Identität verlief die Gründung eigenständiger Staaten und einflußreicher Städte. Die Kirche manifestierte ihre Machtposition mit der Einsetzung neuer Bistümer und dem Bau von Kirchen und Klöstern abendländischen Musters. Hier hielt der internationale Stil der Romanik Einzug in die traditionelle Kunst des Nordens. In den Schreibstuben pflegte man seither lateinische Schrift- und Buchkultur.
Die wikingischen Eroberungszüge wurden nun staatlich zentralisiert gelenkt und legitimierten sich als missionierende Kreuzzüge.
Diese Entwicklungen waren um 1200 abgeschlossen. Das zuvor heidnische und vom europäischen Einflußbereich weitgehend ausgesparte Skandinavien war nun integraler Teil des römisch-katholischen Abendlandes. Seine traditionsverbundene kulturelle Eigenständigkeit hat es dennoch bewahren können, wobei die neuen Impulse zu einer unverwechselbaren Verflechtung kontinentaler und nordischer Kultureinflüsse führten.

Wikingereinfälle in Westeuropa
Vitrine 63—67

Ende des 8. Jahrhunderts treten die Nordmänner mit einem Paukenschlag in die europäische Geschichte ein. 793 wurde das an der nordostenglischen Küste gelegene Kloster Lindisfarne überfallen und geplündert.
»In diesem Jahr zeigten sich starke Vorzeichen über dem Land der Northumber und erschreckten die Menschen sehr. Es kamen heftige Wirbelstürme und Lichterscheinungen; Kometen sah man durch die Luft fliegen. Bald folgte eine schwere Hungersnot auf diesem Omen; und kurz danach im gleichen Jahr verwüsteten heidnische Männer grausam Gottes Kirche in Lindisfarne mit Raub und Totschlag.«
Der gelehrte Angelsachse Alcuin schreibt: »Niemals vorher hat Britannien einen solchen Terror von einem heidnischen Volk erlebt. Niemand konnte glauben, daß eine solche Zerstörung möglich war.«
Der Überfall auf Lindisfarne war der Auftakt zu einer gewaltigen Welle von Raubzügen, welche die Britischen Inseln und bald weite Teile Spaniens und des fränkischen Reichs erfaßte. 844 brannte Sevilla, 845 Paris und Hamburg, 856 Tours, 862—63 Köln, 882 Trier, 982 London.
Ein Bericht von Simeon von Durheim belegt, daß gelegentlich jedoch Wikinger auch zurückgeschlagen wurden: »Aber St. Cuthbert erlaubte ihnen nicht, ungestraft zu entkommen; denn ihr Anführer wurde dort von grausamen Engeln zum Tode befördert, und kurz darauf zerschmetterte, zerstörte und zerbrach ein gewaltiger Sturm ihre Schiffe, und die See verschlang viele von ihnen; einige jedoch wurden ans Ufer geworfen und ohne Gnade sofort erschlagen.«
Den unkoordinierten Plünderungen der frühen Wikingerzeit folgten Raub- und Eroberungszüge großen Stils, die Machtausbau und Landnahme zum Ziel hatten. Zu den markantesten Funden dieser bewegten Zeit gehört das Schiffsgrab eines Wikinger-Häuptlings auf der Ile de Groix vor der Südküste der Bretagne.
Immer maßlosere Tributzahlungen — das sogenannte Danegeld — wurden von den bedrohten Ländern gefordert; im Seinegebiet waren dies im Jahre 845 7000 Pfund Silbermünzen, im Jahre 1018 in England die ungeheure Summe von 82500 Pfund. Dies erklärt die Unzahl von Münzen in den großen wikingischen Schatzfunden. Zeitgenössische Chroniken sind erfüllt von Schreckensmeldungen über Wikingereinfälle (Abb. 43), regelrechte Stoßgebete in Kirchenbüchern dokumentieren die Hilflosigkeit der Klöster und Städte.
So schildert ein Chronist des 12. Jahrhunderts: »Mit einem Wort: Wenn man auch hunderte gehärtete Eisenköpfe auf demselben Hals fände, jeder mit hunderten scharfen unabnutzbaren Erzzungen versehen, und wenn auch jede von ihnen ohne Unterlaß mit hunderten unausrottbaren lauten Stimmen riefe, so würden sie nicht aufzählen können, was Irlands Volk, Männer und Frauen, Laien und Priester,

Junge und Alte an Leiden von diesem kriegerischen wilden Heidenvolk ausgestanden hatte.«
Auf zweierlei Weise versuchten sich Kaiser und Könige der wikingischen Angriffe zu erwehren. Zum einen bauten Karl der Große und Ludwig der Fromme einen Küstenschutz auf, der jedoch nicht besonders effektiv war, da er nicht aus einer einsatzfähigen schnellen Flotte, sondern aus landgebundenen Warnanlagen bestand. Zum anderen wurden Küstengebiete wie die Normandie an Wikinger als Lehen gegeben, damit diese als Bollwerke gegen weitere Wikingerflotten wirken sollten.
Von der Normandie ging auch die Einnahme Englands durch Wilhelm den Eroberer im Jahre 1066 aus, die das Ende der Wikingerzeit bedeutete.
Die Kontakte waren nicht nur kriegerischer Art. Sie bewirkten eine Kolonisation mit wichtigen Stadtgründungen der Wikinger, die nach und nach zu gern gesehenen Händlern und Vollmitgliedern der christlichen Gemeinschaft Europas geworden waren.

Abb. 43 (S. 78)
Handschrift über das Leben des heiligen Aubin von Angers
Pergament
H. 29,5 cm; Br. 20,4 cm; 7 ff
Abtei Saint-Aubin d'Angers, Frankreich
Um 1100
Bibliothèque nationale Paris

Die Handschrift besteht aus sieben Pergamentblättern mit insgesamt 14 ganzseitigen Bildern mit Szenen aus dem Leben des heiligen Aubin. Er war Bischof von Angers, das im 9. Jh. von Wikingern verwüstet wurde. Auf fol. 7 sind sie in ihrem Schiff abgebildet, bereit zum Angriff. Die Darstellung bezeugt, daß die Erinnerung an die Wikinger lange und stark im allgemeinen Bewußtsein fortlebte.

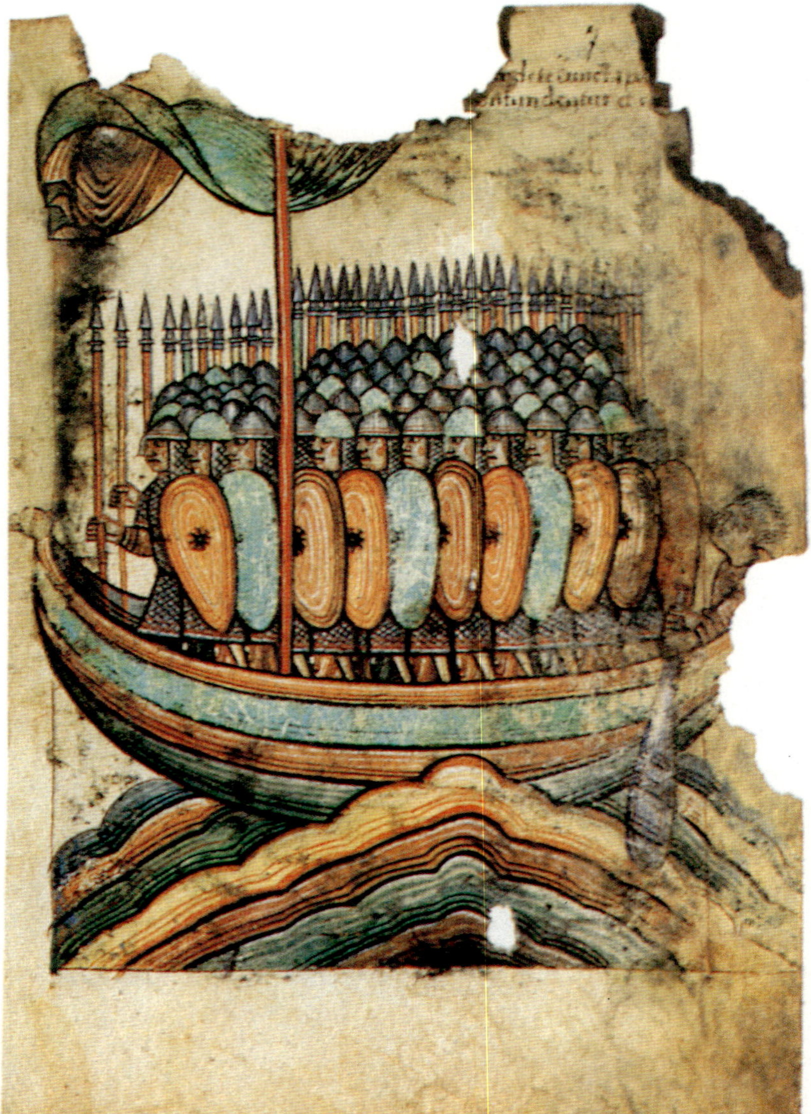

Kolonisation im Westen
Raum 4, Vitrinen 69–71

Die im späten 8. Jahrhundert einsetzende Welle gezielter Plünderungen führte keineswegs nur zu Kontakten kriegerischer Art. Nach den ersten überraschenden Angriffen richteten die Wikinger im Feindesland feste Winterlager als Ausgangsbasis für weitere Raubzüge ein. Zugleich florierte der Handel mit den umliegenden Städten und Dörfern.

In England entstanden nach der Eroberung von York, Nottingham, London und anderen Orten wikingische Ansiedlungen, die bald die politische Kontrolle über das Land ausübten. In diesem Gebiet, dem Danelag, waren über mehrere Jahrhunderte Gesetze und Traditionen nordischen Charakters maßgebend. Die dauerhafte und friedliche Besiedlung belegen wikingische Grabfunde, besonders Frauen- und Kindergräber. Deutlich spiegelt sich die Kolonisation in der Vielzahl von Ortsnamen und Lehnwörtern nordischen Ursprungs wider.

Zu intensiven Kontakten zwischen Skandinavien und Europa führte außerdem die Belehnung wikingischer Häuptlinge mit küstennahen Gebieten wie am Jadebusen, in der Scheldemündung oder der Normandie, die als Bollwerk gegen weitere Angriffe dienen sollten.

Keineswegs waren die Wikinger hier nur eine regional herrschende Oberschicht, sondern bildeten bald eine landsässige Bevölkerung. Sie lebten vor allem von der Landwirtschaft oder betrieben Handel und Handwerk. Davon zeugen Ausgrabungsfunde in städtischen Zentren wie York und Dublin.

Bald waren auch die nordbritischen Inselgruppen der Orkneys und Shetlands kolonisiert, von dort aus die Hebriden und Färöer. Schließlich führte der Weg der Wikinger von Island über Grönland bis nach Amerika, wo es aber zu keiner Kolonisation kam.

Dublin
Vitrine 70

Um 841 errichteten Skandinavier im Zuge ihrer wiederholten Überfälle auf kirchliche Anlagen in Irland südlich des heute verlandeten Schwarzen Teiches (linn dubh) in der klösterlichen Ansiedlung Dubhlinn ein befestigtes Lager, das sich rasch zu einem frühstädtischen Wirtschaftszentrum entwickelte und zeitweilig Metropole eines skandinavisch geprägten Königreiches war. Die Nordleute nutzten jenen Ort, den sie »Dyflinni« nannten, zunächst als Basis für weitere Beutezüge im nordwestlichen Europa.

Der Reichtum der Britischen Inseln und die wirtschaftlichen Möglichkeiten lockten schon bald auch Kaufleute und Handwerker, die sich mit ihren Familien langfristig in Dublin niederließen. Bereits in der zweiten Hälfte des 9. Jahrhunderts wurden auf den wikingischen Gräberfeldern auch skandinavische Frauen bestattet.

Die Siedler, die aus dem Norden nach Dublin zogen, waren primär am Handel interessiert. Die landwirtschaftliche Nutzung des Umlandes lag größtenteils weiterhin in den Händen der einheimischen Bauern.

Dublin war mit seinen Befestigungen ein relativ sicherer Platz, an dem vielerlei Waren des Nord-Süd-Handels umgeschlagen wurden. Von dort wurden die Güter auch in das regionale Handelsnetz verteilt. Nach der Rückeroberung Yorks – eines der wichtigsten skandinavischen Wirtschaftszentren auf den Britischen Inseln – unter dem angelsächsischen König Eadred im Jahre 954 wuchs Dublins Bedeutung im insularen Westen. Noch vor dem Jahr 1000 wurden dort eigene Münzen geprägt. Auch scheint hier im wesentlichen der wikingische Sklavenhandel abgewickelt worden zu sein.

Zahlreiche Funde sogenannter »trial-pieces« (Probearbeiten. Abb. 44) legen nahe, daß sich in Dublin regelrechte kunsthandwerkliche »Schulen« befunden haben. Auf Knochen oder anderen tierischen Hartstoffen schnitzten die Künstler übungsweise Ornamente, die sie später auf den eigentlichen Werkstücken umzusetzen gedachten.

**Abb. 44
Drei Musterstücke aus Knochen**
Irland

Diese Knochen tragen Probeentwürfe für kunstvolle Ornamente, die anschließend auf das eigentliche Werkstück, z. B. auf Metallarbeiten übertragen wurden.

Knut der Große
Raum 4, Vitrinen 72–75

Nachdem seit 876 der wikingische Herrschaftsbereich in England – das Danelag – gefestigt war, versuchten die angelsächsischen Herrscher ihre Macht zurückzuerobern. Nach knapp hundert Jahren blutiger Auseinandersetzungen konnte unter König Edgar (959–75) wieder ein vereinigtes Königreich von England ausgerufen werden. Als das Land nach dessen Tod geschwächt war, begann seit 980 eine neue Welle skandinavischer Überfälle. Im Gegenzug versuchte König Ethelred von England durch Tributzahlungen – das Danegeld – den Frieden zu erkaufen, befahl aber im November 1002, alle Dänen im angelsächsischen Reich zu ermorden. Daraufhin formierte Sven Gabelbart ein dänisches Heer und wurde nach einem erfolgreichen Rachefeldzug im Jahre 1013 zum König von England ausgerufen. Doch ein Jahr später starb er. Damit gewann Ethelred die Macht zurück. Bei seinem Tod im Jahre 1016 stand schon Sven Gabelbarts Sohn, Knut der Große, mit einem großen Heer im Lande und wurde bald König von ganz England. Zur Bestätigung seiner Machtposition heiratete er die Witwe des englischen Königs. Um das Haupther der Wikinger auszuzahlen und zurückzuschicken, verlangte er die ungeheure Summe von 82000 Pfund Silber. Damit war Knut der Große einer der mächtigsten Herrscher seiner Zeit und nannte sich »König ganz Englands, Dänemarks, der Norweger und eines Teils der Schweden« (Abb. 27). Von den christlichen Königen Europas war Knut als Herrscher dieses riesigen Reiches voll akzeptiert. Diese Großmachtpolitik führte zu einem intensiven politischen und kulturellen Austausch, der sich deutlich in den realienkundlichen Zeugnissen manifestiert. Es kam zu einer Verflechtung anglo-skandinavischer und europäischer Kultureinflüsse, die einen ganz charakteristischen Stil spätwikingischer Kunst prägten (Abb. 45). Sie war tief verwurzelt in der nordischen Tradition, wies jedoch starke kontinentaleuropäische Züge auf.

Abb. 45
Grabstein aus der St. Pauls-Kirche
London
Kalkstein
H. 47,0 cm; Br. 57,0 cm; D. 10,0 cm
Frühes 11. Jh. Skandinavisch
Museum of London

Stirnplatte eines Sarkophages. In die linke Schmalseite ist eine skandinavische Runeninschrift eingeritzt: »Ginna und Toki haben diesen Stein errichtet«. Die ursprüngliche Farbgebung ist unsicher. Der Stein von St. Paul wurde höchstwahrscheinlich von einem skandinavischen Handwerker geschaffen.

Die Normandie
Raum 4, Vitrine 76

Seit der Mitte des 9. Jahrhunderts war das Seinemündungsgebiet Ziel zahlreicher verheerender Überfälle der Wikinger. Von dort aus drangen sie mehrmals bis nach Paris vor.

Aus Furcht vor weiteren Plünderungszügen zahlten die französischen Könige schließlich erhebliche Mengen an Silber als Lösegeld. Die erhoffte Wirkung blieb allerdings aus. Deshalb gab schließlich der fränkische König Karl der Einfältige im Jahre 911 diese Gebiete als Lehen an den Wikingerkönig Rollo. Sie sollten als Bollwerk gegen weitere Angriffe dienen.

Als Gegenleistung forderte er die Anerkennung der fränkischen Oberhoheit und erhoffte sich Frieden im eigenen Land.

Diese »Nordmänner« oder »Normannen« wurden – wie auch anderwärts in den kolonisierten Gebieten – mit der Zeit als Kaufleute und Bauern in dem belehnten Herzogtum seßhaft, das später als »Normandie« bezeichnet wurde.

Neben seltenen archäologischen Spuren wie den skandinavischen Ovalfibeln aus einem Frauengrab von Pîtres und dem Schiffsgrab von der Ile-de-Groix zeugen heute noch zahlreiche Ortsnamen nordischen Ursprungs von der dauerhaften Besiedlung durch die Normannen.

Durch verwandtschaftliche Beziehungen Herzog Rollos ergaben sich schon früh enge Verbindungen zum englischen Königsgeschlecht. Einer seiner Nachfolger war Herzog Wilhelm, der spätere Wilhelm der Eroberer. Harald von England hatte ihm per Eid die englische Thronfolge zugesichert, wurde jedoch eidbrüchig und ließ sich 1066 zum König von England ausrufen. Daraufhin machte Wilhelm seinen Anspruch geltend und zog mit seiner Flotte gegen England. In der Schlacht von Hastings schlug er Haralds Heer und bestieg schließlich den englischen Thron.

Diese Ereignisse schildert in bewegten Bildern der berühmte Wandteppich von Bayeux, eines der aufregendsten zeitgenössischen Bildzeugnisse, das entscheidend unsere heutige Vorstellung von den Normannen prägte.

Kirchen und ihre Ausstattung
Raum 5, Vitrinen 79–97

In heidnischer Zeit fanden religiöse und kultische Handlungen an naturheiligen Plätzen oder Thingstätten statt. Erst das neu eingeführte Christentum forderte eigene Gebäude, die nach festen Regeln zu errichten waren.
Da im wikingerzeitlichen Skandinavien Steinbauten unbekannt waren, wurden die ersten Kirchen aus Holz errichtet. Wie reich diese kleinen Kirchen verziert sein konnten, belegt das Portal der Stabkirche von Ål in Norwegen (1130–1160) (Abb. 46).
Nach und nach wurden die Holzkirchen durch repräsentative Steinbauten ersetzt gemäß den Richtlinien der katholischen Kirche. Nur Norwegen hielt an der Holzbautradition fest und entwickelte im 12. Jahrhundert die einzigartigen Stabkirchen (Abb. 47).
Die älteste Steinkirche des Nordens wurde 1027 im dänischen Roskilde erbaut. Die neue Steinbauweise erforderte geschulte Architekten und Steinmetze, die zunächst aus den missionierenden Ländern England und Deutschland kamen, teilweise auch aus Frankreich und Italien. Sie brachten auf diese Weise fremde Einflüsse in die nordische Tradition. So entwickelte sich eine internationale Formensprache, die mit der christlichen Ikonographie der Romanik eine Wandlung der wikingischen Kunst einleitete. Dies spiegelt auch die oft überreiche Ausstattung wider. Der Skulpturenschmuck zeigt deutsche und französische Einflüsse, der berühmte Lisbjerg-Altar (Abb. 48) hat Verbindungen zur englischen Goldschmiedekunst. Durch die enge Verflechtung der beiden Traditionen wird in den Kirchen die Europäisierung der Wikingerreiche spürbar.

Abb. 46
Stabkirchenportal
Kiefernholz
H. 3,90 m; Br. 2,0 m; D. 10–15 cm
Kirche von Ål, Hallingdal, Norwegen
1130–1160
Universitetets Oldsaksamling, Oslo

Das Portal besteht aus 5 mit Nut und Feder zusammengesetzten Planken und aufgenagelten Kapitellen mit Löwen. Die Oberfläche der Planken ist geschwungen, das Relief variiert in der Tiefe. Auf beiden Seiten wächst eine Ranke aus einem Löwenkopf empor, über der Portalöffnung kämpfen zwei Löwen miteinander, begleitet von 19 kleinen Drachen. Der Portaldurchlaß wird von einem Säulenmotiv eingerahmt. Westportal der Stabkirche von Ål, 1880 abgerissen. In diesem Typ trifft sich eine Anzahl verschiedener Einflüsse. Die Motive sind romanisch: Palmettenfriese, Ranken, Löwen und Drachen, aber die Verflechtung der langen Tierkörper und das Interesse für das Kampfmotiv sind von den Traditionen der Tierornamentik geprägt. Das Säulenportalmotiv mit den bekrönenden Löwen, die einen Menschen verschlingen, von dem nur noch der Kopf zu sehen

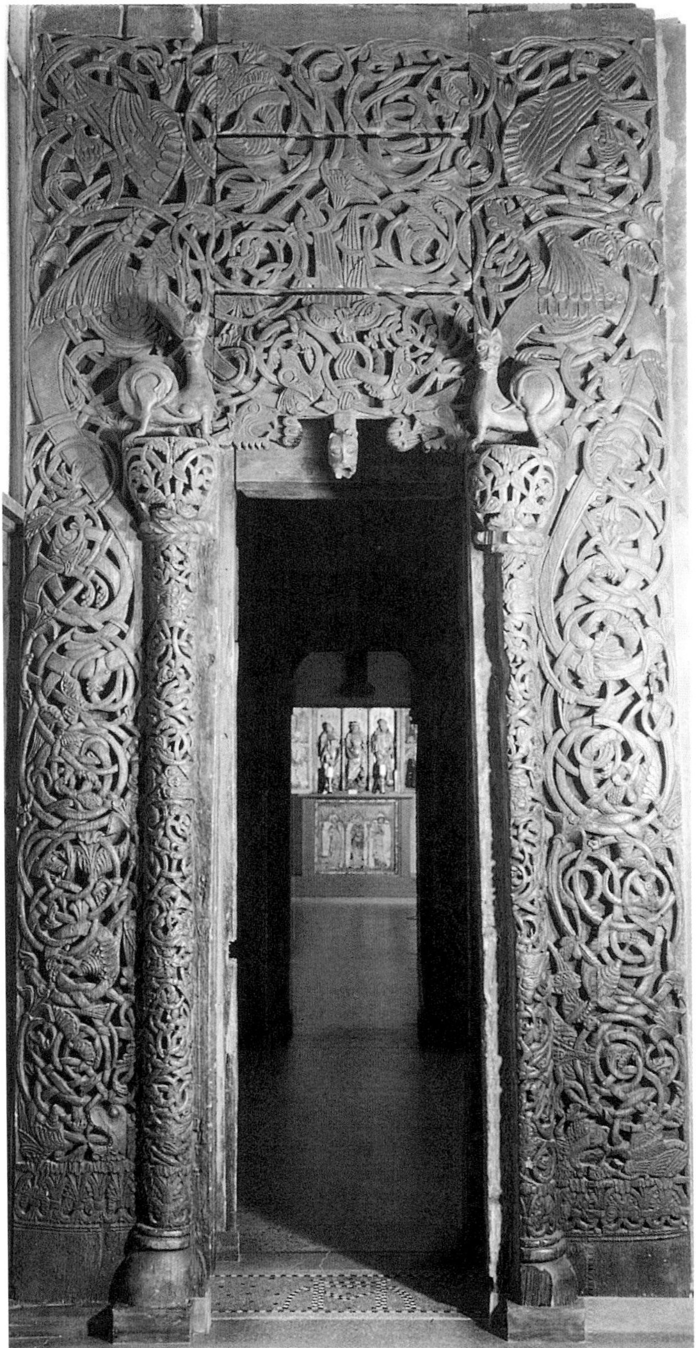

ist, ist von rheinisch-lombardischer Architektur beeinflußt, während Details des Blattwerks mit englischer Ornamentik des frühen 12. Jhs. verwandt sind.

Abb. 47
Die Stabkirche von Borgund
Norwegen
2. Hälfte 12. Jh.

Abb. 48
Lisbjerg-Altar
Vergoldete Kupferplatten auf Eichenholz
L. 159,5 cm; H. 278,5 cm
Kirche von Lisbjerg bei Århus, Dänemark
ca. 1150; Kruzifix ca. 1100–1125
Danmarks Nationalmuseum Kopenhagen

Der Altar besteht aus Frontale und Retabel mit Bogen; unter dem Bogen ein sekundär angebrachtes älteres Kruzifix. Kruzifixfigur, Frontale und Retabel haben einen Eichenholzkern, der mit getriebenen und ziselierten Kupferplatten bedeckt ist. Die Platten sind feuervergoldet, und ein aufgebrannter brauner Firnis, ursprünglich wohl mit wechselndem Farbenspiel, betont die Ornamentik. Die Mittelfigur des Frontales ist gegossen; auf seinen

Leisten saßen Bergkristalle auf einer Unterlage aus Pergament oder farbigem Stoff, so daß sie Edelsteinen glichen.

Das Hauptmotiv des Frontales ist das Jesuskind, das auf dem Schoß Marias im himmlischen Jerusalem thront, umgeben von Engeln, Cheruben und Szenen aus dem Leben und vom Tod Mariens. Zu beiden Seiten des Mittelfeldes stehen 12 weibliche, die Tugenden symbolisierende Figuren und Heilige. Die Medaillons des Rahmenwerks zeigen die vier Evangelistensymbole, das Agnus Dei und zwei kämpfende Löwen.

Auf dem Retabel thront Christus zwischen Sonne und Mond, umgeben von den Aposteln. In den Medaillons am Fuße des Bogens sieht man Abraham bei der Opferung Isaaks und mit der Seele im Schoß: Hinweise auf den Opfertod Jesu und die Erlösung im Paradies. Auf dem Scheitel des Bogens sitzt Jesus als Richter zwischen Maria und Johannes dem Täufer, den Arztheiligen Cosmas und Damian sowie Engeln.

Die Ornamentik besteht hauptsächlich aus kämpfenden Menschen und Tieren in Ranken. Die unterste Rahmenleiste des Frontales weist eine der nordischen Kunst des 11. und 12. Jhs. verwandte Tierornamentik auf. Gelehrte lateinische Inschriften auf den äußersten Rahmen von Frontale und Retabel vertiefen die theologische Botschaft des Altars; auf ersterem ein Hinweis auf das Jüngste Gericht, auf letzterem auf Jesu Tod und die damit gewonnene Erlösung der Menschheit.

Vom Wikinger zum Kreuzritter
Raum 5, Vitrinen 98–102

Seit Mitte des 11. Jahrhunderts wurden ausgedehnte Wikingerzüge immer seltener. Die regen Verbindungen zur Außenwelt, die Herausbildung zentraler Herrschaftsstrukturen und die Etablierung des christlichen Glaubens bewirkten Wertvorstellungen, die im Einklang mit der neuen Religion standen. Wie bei den europäischen Nachbarn manifestierte sich dies zunächst in der persönlichen Andacht, besonders augenfällig jedoch in der Gründung von Kirchen, Klöstern und Bistümern. Dennoch begaben sich die Skandinavier weiterhin gerne auf große Reise, nun aber auch unter christlichem Vorzeichen. Pilgerfahrten skandinavischer Könige und Fürsten führten etwa nach Rom, Santiago de Compostela und Jerusalem, wobei oftmals das fromme Anliegen mit politischen Interessen verbunden wurde. Daneben lassen sich Fahrten gewöhnlicher Pilger nachweisen (Abb. 49).

Eroberungskriege wurden nun im Zeichen des Kreuzes und teilweise mit ausdrücklicher Billigung des Papstes unternommen. Diese Kreuzzüge richteten sich vorzugsweise gegen heidnische Stämme der Slawen, Balten und Finnen, wobei die machtpolitischen Absichten nur dürftig mit christlicher Argumentationsweise verbrämt werden konnten.

Dennoch: Aus kurz zuvor Missionierten wurden eifrige Missionare. In diesem Sinne gründeten skandi-

Runen
Raum 5, Vitrine 103

Abb. 49
Pilgermuschel aus Santiago
Br. 10,5 cm
Roskilde, Dänemark
Um 1200
Danmarks Nationalmuseum,
Kopenhagen

Durchbohrte Muschelschalen dieses Typs wurden als Pilgerzeichen vom Grab des Apostels Jakobus in Santiago de Compostela in Spanien mitgebracht. Dieses Stück wurde in einem Grab beim Dom zu Roskilde gefunden.

Die ältesten Zeugnisse skandinavischer Schriftkultur sind Runen. Sie waren keine Erfindung der Wikinger, sondern wurden schon seit dem 2. Jahrhundert n. Chr. in der germanischen Welt verwendet. Dieses Alphabet besteht aus 24 Runen und wird nach seinen ersten sechs Zeichen *futhark* genannt (Abb. 50).
Daraus entwickelte sich um 800 das nur 16 Zeichen umfassende jüngere futhark der Wikingerzeit (Abb. 51). Es war in zwei Hauptvarianten verbreitet: den sogenannten Langzweig- und den Kurzzweigrunen.
Welche magische Bedeutung den Runen beigemessen wurde, zeigt ihre Herkunftsgeschichte nach der altnordischen Mythologie: Odin, der mächtigste der Götter soll sie der Menschheit geschenkt haben. Deshalb gilt er als der Gott des Wissens.
Die bei weitem größte Denkmälergruppe in der Wikingerzeit waren Runensteine, die meist an exponierten Orten wie Straßen, Brücken und Versammlungsplätzen errichtet wurden. Ihre Inschriften rühmen Taten und Leistungen Verstorbener, geben aber auch knappe Informationen über Gesellschaftsstrukturen und Lebensvorstellungen der Wikinger wieder. Im Alltag verwendete man Runen für Kurzmitteilungen, Handelsabsprachen, magische Verwünschungen, Dichtung oder Besitzerinschriften, die zahlreich auf Holz,

navische Mönche im Laufe des 12. Jahrhunderts Klöster entlang der südlichen Ostseeküste, so etwa in Eldena bei Greifswald, in Bergen auf Rügen und Kolbatz bei Stettin.

ᚠᚢᚦᚨᚱᚲᚷᚹ
f u þ a r k g w

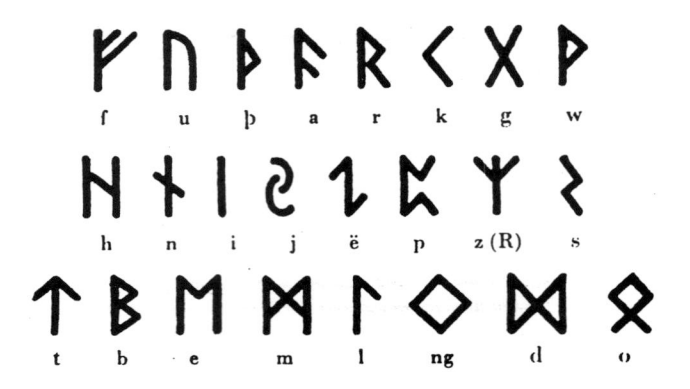

ᚺᚾᛁᛃᛇᛈᛉᛊ
h n i j ë p z(R) s

ᛏᛒᛖᛗᛚᛜᛞᛟ
t b e m l ng d o

Abb. 50
Das ältere Runenalphabet (nach Laur 1981)

ᚠᚢᚦᚬᚱᚴ
f u þ ą r k

ᚼᚾᛁᛅᛋ
h n i a s

ᛏᛒᛚᛘᛦ
t b l m R

Abb. 51
Das jüngere Runenalphabet (nach Laur 1981)

Knochen und Metallgegenständen überliefert sind. So benennt ein wohl in Irland erbeuteter Reliquienschrein seinen neuen Eigentümer namens Ranvaik.

Die Verbreitung der Runeninschriften spiegelt die Ausdehnung der wikingischen Welt wider. Sie finden sich von Grönland über das Schwarze Meer bis nach Konstantinopel und Piräus.

Sie wurden seit dem 11. Jahrhundert durch die lateinische Schrift verdrängt, hielten sich aber in Teilen Skandinaviens bis in die Zeit um 1800.

V. Schriftkultur
Raum 5, Vitrinen 103–110

Mit der Christianisierung Skandinaviens und der damit verbundenen Einführung der lateinischen Schrift wurde seit dem 11. Jahrhundert die Runenschrift verdrängt.

Neben Kirchbüchern wurden nun auch Diplome, Gesetzessammlungen, Heiligenviten und Urkunden verfaßt, wobei die Buchkultur vor allem Einflüsse aus England, Deutschland und Frankreich aufweist.

Die neue lateinische Schrift zog aber auch die schriftliche Überlieferung heidnischer Königslegenden und Vorzeitsagen nach sich, die zuvor von Generation zu Generation nur mündlich tradiert wurden.

Als Ausdruck eigenständiger kultureller Identität wurden viele Schriften in der Muttersprache verfaßt, da man schon zu dieser Zeit die altnordische Sprache als gleichrangig mit der lateinischen ansah.

Man unterscheidet zwei große Gattungen nordischer Dichtung: die Sagas, lange Prosaerzählungen über vergangene oder damals gegenwärtige Ereignisse, und die *Eddas*, die vorchristliche Mythen und Heldenlieder beinhalten. Die ältere Edda gilt als eine der wichtigsten Quellen für die Kenntnis wikingerzeitlicher Heldendichtung und germanischer Mythologie.

Weltberühmt sind heute vor allem die isländischen Sagas, die wie andere unersetzliche Dokumente zu früher Geschichtsschreibung und Schriftkultur zu den Höhepunkten dieser Ausstellung zählen.

VI. Die nordischen Staaten

Während der Wikingerzeit waren die Machtverhältnisse zwischen den einzelnen skandinavischen Ländern sehr wechselhaft. Von Zeit zu Zeit wurden Reiche oder Reichsteile von verschiedenen Herrschern dominiert und die einzelnen Reiche neu aufgeteilt. Erst gegen 1200 waren die gemeinsamen Grenzen weitgehend anerkannt. Dänemark, Norwegen und Schweden waren nun unabhängige Königreiche mit einer eigenen kirchlichen Organisation. Durch die Gründung jeweils eines eigenen Erzbistums, die Einsetzung lokaler Königsheiliger und den Beginn einer selbständigen Geschichtsschreibung kam es zur Herausbildung einer nationalen Identität (Abb. 52).
Parallel zu diesen Staatengründungen verlief die Urbanisierung Skandinaviens. Ältere Siedlungen vergrößerten sich, neue Städte wurden gegründet, wobei vor allem die deutschen Hanse-Städte dazu beitrugen, den Norden im Hochmittelalter kulturell und politisch einzubinden.
Die neuen befestigten königlichen Residenzen glichen Burgen europäischen Musters. In der Kunst hielt die Romanik Einzug in Sakralarchitektur und Bildkunst (Abb. 53).
Bei diesen Entwicklungen orientierte sich Norwegen stets nach Westen, Dänemark und Schweden dagegen nach Osten, mit dem Ziel, Slawen, Balten und Finnen zu christianisieren, aber auch durch Landeroberung, Handel und Kolonisierung ihre Macht auszubauen. Um 1200 war damit Skandinavien Teil des römisch-katholischen Abendlandes, wobei sich aber neben kultureller Internationalität durchaus eigenständige Kulturtraditionen behaupten konnten.

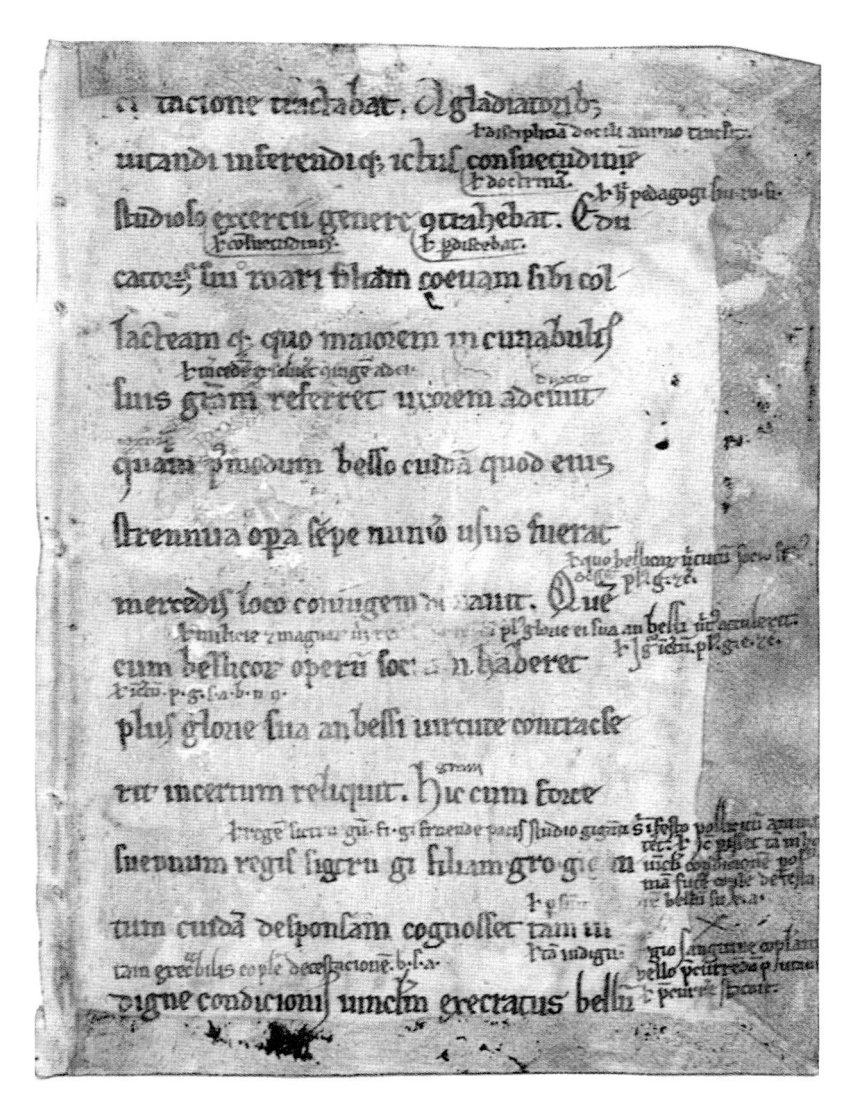

Abb. 52
Gesta Danorum des Saxo Grammaticus
Pergament
H. ca. 21,6 cm; Br. ca. 16,1 cm;
Umfang 4 Seiten
Angers, Frankreich
Um 1200
Kgl. Bibliothek Kopenhagen

Dieses Blatt aus Saxo Grammaticus' großer lateinischer Chronik Gesta Danorum über die Taten der Dänen vom Altertum bis gegen 1200 ist eine textlich und codikologisch einzigartige Quelle. Es wurde mit großer Wahrscheinlichkeit von Saxo selbst geschrieben, und die Korrekturer und Einschübe im Fragment geben somit einen Einblick, wie Saxo mit seinem Text arbeitete. Abgesehen von ganz wenigén anderen Fragmenten jüngeren Datums ist das Angers-Fragment die einzige erhaltene Handschrift mit Saxos Werk.

Abb. 53
Ritteraquamanile
Bronze
H. 25,5 cm; L. 26,0 cm
Um 1200. Lothringen
Danmarks Nationalmuseum, Kopenhagen

Aquamanile (Wasserspender) in Form von Roß und Reiter, der eine Ringbrünne und Kapuze trägt. Das Schwert an der Seite, hält er die Zügel in der Linken, hat aber Schild und Lanze verloren. Oben in der Kapuze ist ein Loch zum Nachfüllen des Wassers; die Ausgußtülle befindet sich im Kopf des Pferdes.

Königtum europäischen Musters
Raum 6, Vitrine 111–115

Die Herausbildung der Königreiche Dänemark, Norwegen und Schweden vollzog sich in der Zeit von 800–1200 in engem Zusammenspiel mit der römisch-katholischen Kirche, dem neuen entscheidenden gesellschaftlichen Faktor.
Noch zu Beginn der Wikingerzeit gab es in Skandinavien viele kleinere Reiche in wechselnden Konstellationen und ohne feste Grenzen. Volksversammlungen wählten nach Geblütsrecht Könige, deren Legitimität auf den persönlichen Fähigkeiten beruhte.
Mit der Übernahme des Christentums seit Ende des 10. Jahrhunderts erfolgte ein gesellschaftlicher und politischer Wandel, der von Anfang an mit der Zentralisierung und Stärkung der Königsmacht nach europäischem Vorbild verbunden war. Eine auf Sippen gegründete Gesellschaftsordnung wurde unter ideologischer und organisatorischer Beeinflussung der missionierenden Kirche von einer übergreifenden Zentralmacht abgelöst. Das Recht auf Steuererhebung, Heergewalt, Gesetzgebung und Münzprägung versuchte nun der König weitgehend für sich zu beanspruchen. Die Beteiligung der Kirche an der Inthronisation war die Voraussetzung dafür, daß sich der König von Gottes Gnaden legitimieren durfte. Ebenso mit Unterstützung des Klerus setzte sich nach der Mitte des 12. Jahrhunderts die feste Erbfolge durch.
Die gefestigte Stellung des König-

tums dokumentierte sich in der Errichtung geld- und arbeitsaufwendiger Monumentalbauten, wie etwa großangelegte Befestigungsanlagen (Abb. 54), Kathedralen oder Grabdenkmäler (Abb. 28). Vor 1200 waren die drei Königreiche als nationale Staaten abendländischen Musters etabliert und die gemeinsamen Grenzen weitgehend festgelegt.

Abb. 54
Luftaufnahme der Ringburg von Trelleborg auf Seeland. Insgesamt sind vier solcher Anlagen bekannt, die alle in Dänemark liegen und in die Zeit um 980 datiert werden.

Anfänge des skandinavischen Münzwesens
Raum 6, Vitrine 114

Die ersten nordischen Münzen wurden im frühen 9. Jahrhundert nach fränkischen Vorbildern geprägt, zunächst in Haithabu/Schleswig, später in anderen Handelsplätzen Skandinaviens. Einige Wikingerkönige ließen auch in den von ihnen besetzten Gebieten Englands (York, Lincoln, Derby), Irlands (Dublin) und der Normandie (Rouen) eigene Münzen schlagen, die dort geläufige Prägungen nachahmten. Diese Münzen, auf denen Tiere, Schiffe, Thorshämmer, Kreuze, Waffen und mißverstandene Wiedergaben ursprünglich lateinischer Schriftzüge abgebildet sind, bestanden aus nahezu reinem Silber (Abb. 55 u. 56). Häufig ist der Name des Münzherrn unbekannt und unklar, ob der Nominalwert dieses Geldes auch anderenorts Gültigkeit besaß. Münzen wurden jedenfalls von den wikingerzeitlichen Nordleuten nicht nur als Zahlungsmittel sondern auch als Kettenanhänger geschätzt.

Dennoch blieb bis zum 11. Jahrhundert der skandinavische Anteil am gesamten Münzumlauf im Norden gering. Die Masse stellten arabische, deutsche und englische Prägungen; selten waren karolingische und byzantinische Münzen. Der Zustrom fremder Währungen begann zu versiegen, als skandinavische Prägetätigkeiten verstärkt und die eigenen Münztypen allgemein anerkannt wurden, in Dänemark seit Knut dem Großen (1018–1035. Abb. 57), in Norwegen unter Harald Hårdråde (1047–1066) und in den schwedischen Landesteilen im Laufe des 12. Jahrhunderts. Neben den weltlichen Herrschern war – nach ihrer Etablierung – auch die Kirche am Münzrecht beteiligt.

In dieser Phase des Übergangs von der Wikingerzeit zur romanischen Epoche wurde der Silbergehalt des öfteren auf Anweisung der Münzherren gemindert. Bedeutende Prägeorte waren zu jener Zeit Roskilde, Lund, Sigtuna und Trondheim. Den gewandelten politischen Machtstrukturen entsprechend wurden die Münzen nun mit christlichen oder herrschaftlichen Symbolen abendländischer Tradition versehen: Portraits von Königen und Bischöfen, Engel, Christusdarstellungen, Zepter, Reichsapfel und Kreuz sowie Inschriften mit Runen oder lateinischen Buchstaben (Abb. 58).

Abb. 55
Penny
Silber
Gew. 1,07 g
York (Coppergate), England
921–27. Anglo-skandinavisch

Dies ist das erste gesicherte Beispiel einer Yorker Münze des nordischen Königs Sihtric.

Abb. 56
Penny
Silber
Gew. 1,2 g
York (Coppergate), England
939–41. Anglo-skandinavisch

Abb. 57
Münzstempel aus der Regierungszeit Knuts des Großen
Eisen
H. 6,5 cm; Dm. 2,8 cm; Gew. 425 g
London, England
Um 1030–35. Angelsächsisch

Auf dem geschmiedeten Eisenschaft ist eine getrennt gehärtete eiserne Stempelfläche von quadratischer Grundform und abgerundeten Ecken befestigt. In ihre Mitte ist das runde Stempelmotiv eingepunzt: der spiegelverkehrte Schriftzug »+DRV[LF]ONORD« umschließt ein kurzarmiges Kreuz.
Dieser Prägestempel, mit dem der Revers der Münzen Knuts des Großen vom »Short-Cross«-Typ geschlagen wurden, war nach Ausweis seiner Spiegelschrift in Benutzung des Münzmeisters Thurulf in Norwich.

Abb. 58
Drei Pfennige von Sven Grathe
(1146–57)
und Waldemar dem Großen
(1157–82)
Silber
Jütland, Dänemark
Danmarks Nationalmuseum,
Kopenhagen

Walroßzahn – das Elfenbein des Nordens
Raum 6, Vitrinen 120–123

Der Nordatlantik und das Europäische Nordmeer waren Quelle eines der begehrtesten skandinavischen Handelsgüter der Wikingerzeit und der romanischen Epoche: Walroßzahn.

Die oberen Eckzähne der Robbenart Walroß ersetzten zu jener Zeit im christlichen Abendland das Elefantenelfenbein, das immer schwieriger auf den Märkten der islamischen Welt zu erwerben war. Vor allem Werkstätten auf den Britischen Inseln, in Nordfrankreich, im Maasgebiet und im Rheinland griffen auf das Elfenbein des Nordens zurück. Die Skandinavier lieferten jedoch nicht nur den Rohstoff, sie schufen auch selbst bedeutende Meisterwerke aus diesem Material, so etwa das Kruzifix für die dänische Prinzessin Gunhild (Abb. 59) oder das bemerkenswerte Reliquiar aus Norwegen, welches noch weitgehend die Form des Zahnes hat (Abb. 61).

Elfenbein galt als unverweslich und blieb sowohl im profanen als vor allem auch im klerikalen Bereich nur der Anfertigung erlesener Schnitzereien vorbehalten. Ausmaße und Materialstruktur des Walroßzahns ermöglichten jedoch nur das Schneiden kleinformatiger massiver Objekte – Figurinen (Abb. 60), Kämme, Spielsteine, Gürtelschnallen –, oder flacher Plättchen, die als Flachreliefs oder als Durchbrucharbeiten zu größeren Werkstücken zusammengesetzt wurden, beispielsweise zu Kreuzdarstellungen, Pyxiden, Buchdeckeln und tragbaren Altären.

Die hohe Wertschätzung von Walroßzahn dokumentiert auch ein zeitgenössischer Bericht vom Hofe des angelsächsischen Königs Alfred des Großen (gest. 899), der »einige Hauer« als adäquates und nennenswertes Geschenk vom norwegischen Wikinger Ottar an den englischen Herrscher erwähnt.

Abb. 59
Gunhild-Kreuz
Walroßzahn
H. 28,4 cm; Br. 22,2 cm; St. 2,5 cm
Um 1150. Dänisch unter kontinentalem Einfluß
Danmarks Nationalmuseum, Kopenhagen

Kreuz mit Reliefmedaillons. Die Christusfigur der Vorderseite fehlt, doch der Kreuznimbus ist eingeschnitten. Die Reliefs zeigen

Personifikationen von Leben und Tod, Kirche und Synagoge, mit lateinischen Inschriften. Rückseite: Christus als Weltenrichter auf dem Regenbogen, umgeben von vier Engeln und zu seinen Seiten die Gerechten und die Verdammten. Oben: Lazarus in Abrahams Schoß; unten; der Reiche in der Umarmung des Teufels.
Lateinische Inschriften weisen auf die angedeuteten Bibelstellen. Auf den Kreuzseiten stehen lateinische Inschriften mit Fürbitten für »Helena, Tochter des großen Königs Sven«, der das Kreuz machen ließ, und für »Liutger, der mich geschnitzt auf Wunsch von Helena, die auch Gunhild genannt wird«. Die Königstochter trug also einen lateinischen wie einen dänischen Namen, letzterer ist zudem in Runen geschrieben. Es gibt Spuren von Rot und Gold auf dem Kreuz, das vielleicht ganz vergoldet war.

Abb. 60
Neun Schachfiguren aus Walroßzahn
Isle of Lewis, Schottland
Drittes Viertel 12. Jh. Norwegisch
The British Museum, London

Die Figuren stammen aus einem Hortfund von 93 beinernen Schachfiguren, Spielsteinen und einer einzelnen Gürtelschnalle, der 1831 entdeckt wurde. Da einige Stücke Halbfabrikate zu sein scheinen, könnte es sich um einen Teil des Vorrats eines Händlers oder Walbein-Schnitzers handeln, der entweder auf den Äußeren Hebriden ansässig oder auf der Durchreise war.
Stilistisch sind die Figuren in der englischen Kunst ohne Parallele, das Pflanzenornament auf den Thronrücken kennt man jedoch von westnorwegischen Funden. Die Äußeren Hebriden waren im 12. Jahrhundert politischer Teil des Königreichs Norwegens. Der Lewis-Hort belegt einzigartig die kulturellen Verbindungen zwischen den Westlichen Inseln und Westnorwegen und ist darüber-

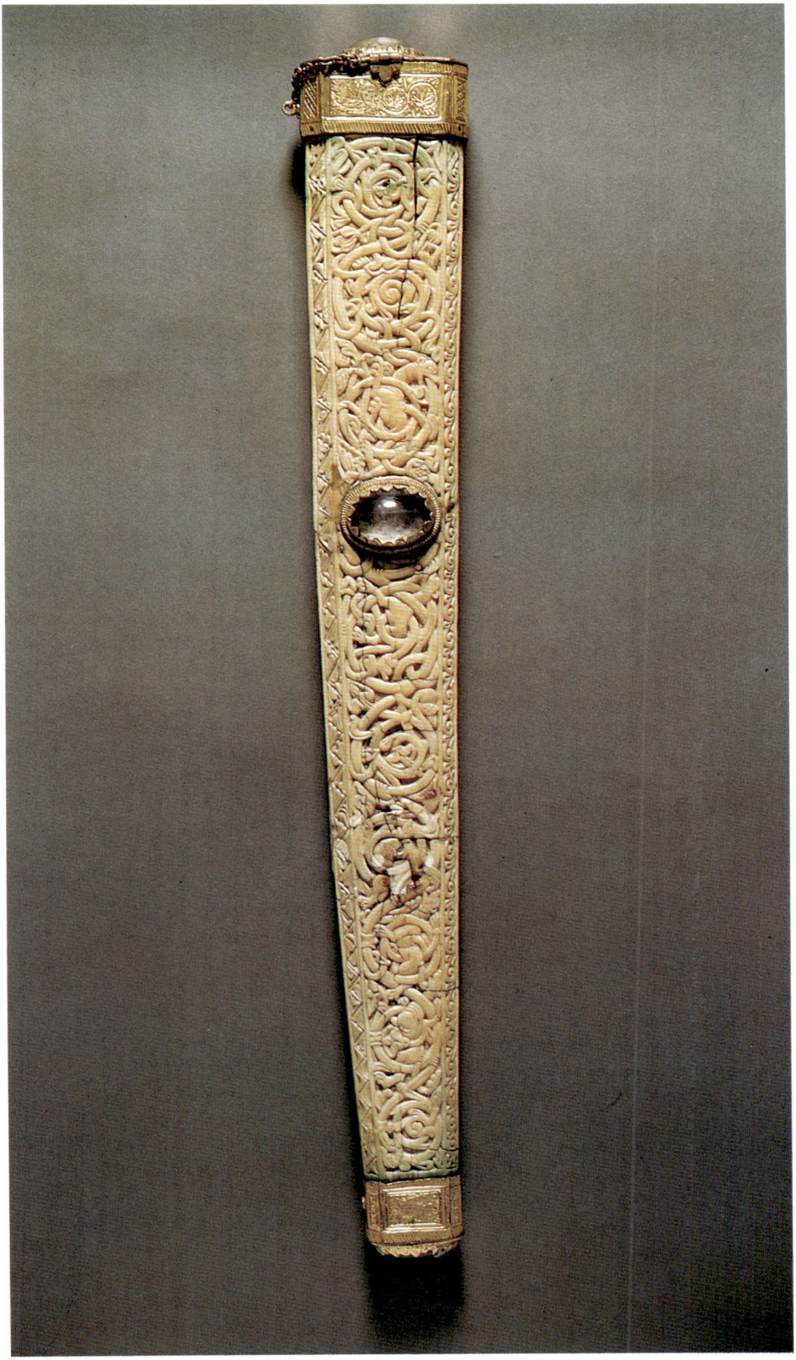

hinaus die größte und bedeutendste Serie von Schachfiguren aus dem Mittelalter.

Abb. 61 (S. 101)
Reliquiar
Walroßzahn, vergoldetes Kupfer, Bergkristall
L. 44,0 cm; max. Br. 6,0 cm; max. St. 3,5 cm
Walroßzahn: drittes Viertel 12. Jh. Norwegisch. Metallbeschläge: 14. Jh. Skandinavisch
The British Museum, London

Zunächst wurde dieser Zahn für einen umfunktioniertes Thronbein gehalten, doch diente er wohl schon immer als Reliquiar. Die Beschläge des 14. Jhs. ersetzen frühere Kupferbeschläge, von denen noch Oxydationsspuren an den Enden zu erkennen sind. Ohne Zweifel wurde der Zahn wegen seiner außergewöhnlichen Qualität und Größe als Reliquienbehälter ausgesucht. Parallelen zu den Grotesken und Tieren, auf den Metallbeschlägen gibt es in Norwegen und Schweden, was wohl darauf hinweist, daß das Reliquiar während des Mittelalters in Skandinavien war.

Chronologietabelle

Skandinavien		Europa
	768–814	Karl der Große
Das Kloster von Lindisfarne wird am 8. Juni durch Wikinger geplündert.	793	
	796	Die Franken schlagen die Awaren zwischen der Donau und Tisza.
	800	Karl der Große wird am Weihnachtsmorgen in Rom zum Kaiser gekrönt.
König Göttrik von Dänemark zerstört die slawische Stadt Reric und läßt die dort ansäßigen Kaufleute nach Haithabu umsiedeln	808	
Ermordung Göttriks.	810	
Dänische königliche Expedition nach Vestfold in Südnorwegen, um die dänische Oberherrschaft wiederherzustellen.	813	
Harald Klak, vertriebener königlicher Thronanwärter in Dänemark, steht im Dienst bei Ludwig dem Frommen, Kaiser der Franken.	814	Tod Karls des Großen. Sein Sohn Ludwig der Fromme (814–49) folgt ihm auf den Thron.
	822/23	Papst Pascal I. bevollmächtigt Ebo, den Erzbischof von Reims, die »nördlichen Gebiete« zu missionieren.
Ebo, Erzbischof von Reims, besucht Dänemark, um es zu christianisieren.	823/24	

Beginn der dänischen Münzprägung in Haithabu.	um 825	Der irische Mönch Dicuil erwähnt in seiner Schrift De mensura orbis terrarum das entfernte »Thule«, möglicherweise Island und die dort lebenden irischen Eremiten.
Harald Klak wird in Mainz getauft und mit dem Missionar Ansgar in seiner Gefolgschaft nach Dänemark geschickt.	826	
Erste Missionsreise Ansgars zu den Svear nach Birka.	829–31	Die Söhne Ludwigs des Frommen erheben sich gegen ihn.
	831	Ansgar wird in der neu eingerichteten Diözese von Hamburg geweiht.
Jährliche Wikinger-Angriffe auf Dorestad in Friesland.	834–37	Neue Erhebungen gegen Ludwig den Frommen, der von seinem Sohn Lothar gefangengenommen wird. Die Wikingereinfälle in Westeuropa nehmen zu.
Verstärkte Präsenz der Wikinger in Irland.	840	Tod Ludwig des Frommen, Lothar folgt ihm auf den Thron. Die Wikinger beginnen ihre Raubzüge entlang der französischen Flüsse.
Lothar, Kaiser der Franken, überläßt Harald Klak Walcheren, eine Insel nahe der Rheinmündung.	841	
	843	Beschluß von Verdun, das Karolingerreich in Ost-, Mittel- und Westreich zu teilen. Erste überlieferte Überwinterung der dänischen Wikinger im Frankenreich.
	843–76	Ludwig der Deutsche.
	844	Wikinger dringen bis nach Sevilla vor.

	845	Plünderung von Hamburg und Paris. Umsiedelung von Ansgars Erzbistum von Hamburg nach Bremen. Die Franken bezahlen das erste Danegeld.
Ansgar errichtet mit königlicher Erlaubnis Kirchen in Haithabu und Ribe.	850	
Ansgars zweite Missionsreise nach Birka.	852–54	
	856–57	Paris wird von den Wikingern geplündert; 861 erneut.
	862	Köln wird geplündert.
	863	Xanten wird geplündert.
	865	Bischof Ansgar stirbt, Rimbert wird sein Nachfolger im Erzbistum Hamburg.
Die Wikinger erobern York.	866–67	Salomon, Herzog der Bretagne, schlägt mit Wikingersöldnern die Franken in der Schlacht von Brissarthe.
Kolonisation Islands.	um 870–930	
Erkundungsfahrten des nordnorwegischen Häuptlings Ottar zum Polarmeer und nach Haithabu. Erkundungsfahrt des Engländers Wulfstan ins Baltikum.	871–99	Alfred der Große wird König von Wessex.
	876–79	Wikinger lassen sich dauerhaft in England nieder.
	878–88	Das »Große Heer« zerstört Teile des Frankenreiches.
	881	Aachen, Köln, Bonn, Mainz, Worms, Metz geplündert.

	882	Trier geplündert. Vereinigung des nördlichen (Nowgorod) und südlichen (Kiew) Warägerreiches zum Kiewer Großreich der Rus.
	885–86	Belagerung von Paris. Beginn der dänischen Münzprägung in England.
	886	Alfred der Große erobert London von den Wikingern zurück.
Die Olaf-Dynastie in Dänemark. Schlacht bei Hafrsfjord und gleichzeitiger Versuch Harald Schönhaars, Norwegen zu vereinen.	891	Arnulf, König der Ostfranken, schlägt ein Wikingerheer bei Louvain in Belgien.
	911	Gründung der Normandie durch den Wikingerhäuptling Rollo.
	919–36	Heinrich I.
	um 920	Der arabische Gesandte Ibn Fadhlan trifft an der Wolga auf Wikinger. Die Dänen in England unterwerfen sich Edward dem Älteren (912–20).
Einrichtung des Allthings auf Island.	930	Die Wikinger werden aus der Bretagne vertrieben.
Der deutsche König Heinrich I. besiegt den dänischen König Chnuba bei Haithabu.	934	
	936	Erzbischof Unni von Hamburg-Bremen stirbt in Birka. Otto der Große wird deutscher König (936–73).
Gorm der Alte, König von Dänemark	um 940–958	
Bischöfe werden in die Städte Haithabu, Ribe und Århus berufen.	948	

Befestigung von Haithabu, Ribe und Århus. Der norwegische König Hakon der Gute versucht sein Land zu christianisieren.	um 950
	954 Vertreibung des ehemaligen Königs von Norwegen Erik Blutaxt aus York.
	955 Otto der Große schlägt die Ungarn am 10. August auf dem Lechfeld, südlich von Augsburg.
Gorm der Alte, König von Dänemark wird in Jelling beigesetzt. Sein Sohn Harald Blauzahn (958–987) wird König von Dänemark	958
	958/59 Edgar wird König von England (957/59–75).
Harald Blauzahn stellt die dänische Herrschaft in Norwegen wieder her.	960–962
	962 Kaiserkrönung Ottos des Großen.
Harald Blauzahn wird getauft und christianisiert Dänemark.	um 965
	966 Mieszko, Herzog von Polen, christianisiert Polen.
Wiederbefestigung des Danewerk bei Haithabu durch Harald Blauzahn.	968
Gründung von Sigtuna.	um 970
	973–83 Otto II. deutscher Kaiser.
Die Dänen werden von Kaiser Otto II geschlagen und das Danewerk erobert.	974
	978–1016 Æethelred der Ratlose König von England.

Errichtung der dänischen Ringburgen von Trelleborg, Fyrkat, Aggersborg und Nonnebakken.	um 980	Wladimir der Große, König von Rußland (980–1015).
	982	Otto II. wird bei Capo Colonne in Kalabrien von den Moslems geschlagen.
Harald Blauzahn erobert dänisches Grenzgebiet zurück.	983	Großer Slawenaufstand. Otto III. deutscher Kaiser (983–1002).
Erik der Rote siedelt in Grönland.	um 985	
Tod Harald Blauzahns und Beisetzung in Roskilde; die in Hamburg geweihten Bischöfe werden aus Dänemark vertrieben. Sven Gabelbart, König von Dänemark (987–1014).	987	
	988	Christianisierung Rußlands. Gründung der Waräger-Garde in Konstantinopel durch Basilius II, den byzantinischen Kaiser, auch der »Bulgaren-Schlächter« genannt.
	991	Schlacht von Maldon; die Engländer werden geschlagen und entrichten die erste von einer ganzen Reihe immer höher werdender Tributzahlungen (Danegeld).
Olaf Tryggvason (995–1000) vereint Norwegen. Olof Skötkonung, König von Schweden (995–1022).	995	
	999	In Gniezno wied ein polnisches Erzbistum gegründet.

Schlacht von Svold. Christianisierung Islands. Expeditionen von Grönland nach Vinland (Ostküste Kanadas).	um 1000	Christianiserung Ungarns.
	1002–24	Heinrich II.
Eroberung Englands durch Sven Gabelbart.	1013	
	1014	Basilius II. blendet 15000 Bulgaren.
Tod Sven Gabelbarts. Sein ältester Sohn folgt ihm auf den dänischen Thron.	1014–18	
Olaf Haraldsson, der Heilige (1016–30), erobert Norwegen. Olof Skötkonung, König von Schweden, läßt in Hamburg schwedische Bischöfe weihen.	1015–16	
Eroberung Englands durch Knut den Großen (1018–35), Sohn von Sven Gabelbart.	1016	
	1024–1125	Dynastie der Salier in Deutschland. Konrad II. (1024–39).
Knut der Große steht den Königen von Norwegen und Schweden sowie dem Grafen Ulf, seinem Regenten in Dänemark, bei der Schlacht am Heiligen Fluß gegenüber.	1026	
Errichtung der ersten steinernen Kirche in Skandinavien in Roskilde.	1027	Knut der Große reist nach Rom und wohnt der Kaiserkrönung Konrads II. bei.
Olaf Haraldsson, König von Norwegen, wird vertrieben.	1028	
Olaf Haraldsson wird am 29. Juli in der Schlacht von Stiklastad getötet.	1030	
	1031	Auflösung des Kalifats von Cordoba.

Knut der Große stirbt. Sein Nachfolger in Dänemark wird Hardaknut (1035–42), in Norwegen Magnus der Gute (1035–47).	1035	Harald Hasenfuß, König von England (1035–40). In Spanien Beginn der Reconquista.
	1039–56	Heinrich III.
Ingvars verhängnisvolle Reise in den Osten.	um 1040	
Magnus der Gute (1042–47) vereinigt erneut Dänemark und Norwegen.	1042	Edward der Bekenner König von England (1042–66).
Magnus schlägt die Slawen in der Nähe von Haithabu.	1043	
Auf Magnus des Guten folgt in Dänemark Sven Estridsen (1047–74) und in Norwegen Harald Hardrade (1047–66).	1047	Kaiserkrönung des deutschen Königs Heinrich III. in Rom. Papst Clemens II bestätigt den Erzbischof von Hamburg-Bremen in Skandinavien in seinen Rechten.
Zerstörung Haithabus durch Truppen Harald Hardrades.	1050	
	1054	Gleichzeitige Exkommunizierung des Papstes in Rom und des Patriarchen von Konstantinopel.
	1056–1106	Heinrich IV.
Aufteilung Dänemarks in acht Diözesen: Haithabu, Ribe, Århus, Viborg, Vendsyssel, Odense, Roskilde und Lund; Sigtuna wird Bistum.	um 1060	1059 verbietet der Laterans-Konzil die Laieninvestitur und löst dadurch den Investiturstreit aus. Philipp I., König von Frankreich (1060–1180).
	1061–91	Normannen erobern Sizilien.
Olaf Kyrre, König von Norwegen (1066–93).	1066	Harald Hardråde, König von Norwegen, fällt an der Brücke von Stamford. Wilhelm der Eroberer, Herzog der Normandie, erobert England in der Schlacht bei Hastings.

	1071	Die Normannen entreißen Bari den Byzantinern. Alp Arslan schlägt die Byzantiner bei Manzikert. Die Türken erobern Jerusalem.
Sven Estridsen stirbt, auf den Thron folgen seine fünf Söhne nacheinander.	1076	Papst Gregor VII. exkommuniziert den deutschen König Heinrich IV.
Die älteste in Skandinavien bekannte Urkunde: in Lund wird dem Heiligen Lorenz vom dänischen König Knut Land und Steuerfreiheit bewilligt.	1085	Knut, König von Dänemark, und Robert, Graf von Flandern, bereiten einen Angriff auf England vor. Toledo wird von den Sarazenen eingenommen.
Knut kommt in Odense ums Leben.	1086	In England entsteht das Domesday Book.
	1095	Alexios Komnenos, Kaiser von Byzanz, bittet im Westen um Hilfe gegen die Türken. Papst Urban II ruft in Clermont zum Kreuzzug auf.
Erik Ejegod, König von Dänemark (1096–1103).	1096	Erster Kreuzzug 1096–99.
	1099	Eroberung Jerusalems.
König Magnus der Barfüßige macht die norwegische Oberherrschaft über die westlichen Inseln geltend und erobert Dublin.	um 1100	Tod des spanischen Nationalheldens El Cid.
	1100	Heinrich I, König von England (1100–1135).
Gründung der ersten Klöster in Norwegen: Selje, Nidarholm und Munkeliv bei Bergen.	1100–10	
Lund wird zur Metropole ganz Skandinaviens.	1103	
Niels, König von Dänemark (1104–34).	1104	

Kreuzzug von Sigurd Jorsalfar, König von Norwegen.	1107–11
	um 1120 Carta Caritatis der Zisterzienser. 1119
	1122 Beilegung des Investiturstreits durch das Wormser Konkordat.
Ari Thorgilsson schreibt die Islendingabók.	1122–33
Stavanger wird zum Bistum. In Lund wird ein Bischof für Grönland geweiht.	um 1125
	1127 Karl der Gute von Flandern, Sohn Knuts des Heiligen, König von Dänemark wird in Brügge ermordet. Roger II. vereinigt Sizilien und Apulien.
Beginn anhaltender Erbfolgestreitigkeiten in Norwegen.	1130
Der dänische Thronanwärter Knut Lavard wird ermordet.	1131
Schlacht um Fodevig. Niels, König von Dänemark, kommt bei Haithabu um.	1134
	1138–1254 Die Staufer in Deutschland.
Das Bistum Sigtuna wird nach Gamla (Alt) Uppsala verlegt.	1140
Dänischer Erbfolgestreit wird zwischen Sven, Knut und Waldemar ausgetragen.	1146–57
Dänischer Kreuzzug gegen die Slawen auf Rügen.	1147 Zweiter Kreuzzug.
Trondheim wird Erzdiözese für norwegische Gebiete, Island und Grönland.	1152 Friedrich Barbarossa, Kaiser des Heiligen Römischen Reiches Deutscher Nation (1152–90).

	1153	Tod Bernhards von Clairvaux.
Kreuzzug des Heiligen Erik, König von Schweden und des Bischofs Henrik nach Finnland.	1155	
Ende der Erbfolgekriege in Dänemark; Waldemar der Große ist der alleinige König (1157–82).	1157	
	1158	Heinrich der Löwe, Fürst von Bayern und Sachsen, gründet Lübeck.
Tod des Heiligen Erik.	um 1160	
Karl Sverkersson wird König der Svear und der Götar.	1161	
	1162	Friedrich Barbarossa zerstört Mailand.
Die erste Krönungszeremonie in Skandinavien findet statt, Magnus Erlingsson wird zum König von Norwegen gekrönt; ein norwegisches Erbfolgegesetz führt die königliche Alleinherrschaft ein: Erzbischof Öystein überarbeitet das christliche Gesetzbuch.	1163–64	
Uppsala wird zur Erzdiözese von Schweden erhoben.	1164	
Erstmalige Erwähnung von Kopenhagen. Karl Sverkersson stirbt.	1167	Bildung der Lombardischen Liga.
Die Dänen erobern Rügen.	1169	
In Ringsted Krönung Knuts VI.	1170	Thomas Becket, Erzbischof von Canterbury, wird ermordet.

Der Papst berät den Erzbischof von Uppsala, wie bei der Christianisierung Tavastias vorzugehen sei. Knut Eriksson, König der Svear und der Götar.	1171/72

1176 Friedrich Barbarossa wird bei Legnano von der lombardischen Liga geschlagen.

Eskil, Erzbischof von Lund, zieht sich nach Clairvaux zurück. Sein Nachfolger wird Absalon. — 1177

Rudolf, Bischof von Finnland, wird gefangengenommen und in Kurland umgebracht. — 1178

Geburt des isländischen Dichters Snorri Sturluson (1179–1241). Sverre schlägt Erling Skakke und seinen Sohn Magnus in Norwegen. Beginn eines langen Monarchiestreits, ausgetragen zwischen Sverre und der Kirche. — 1179

Knut VI., König von Dänemark, erobert Pommern. — 1185

Heidnische Piraten, vielleicht Esten, verwüsten das Gebiet um Mälar, töten den schwedischen Erzbischof und stecken Sigtuna in Brand. — 1187 Saladin erobert Jerusalem von den Kreuzfahrern zurück.

Die Dänen und die Friesen statten 50 Schiffe für die Teilnahme am dritten Kreuzzug aus und nehmen bei der Belagerung von Akre (-Akko) teil. — 1189–92 Dritter Kreuzzug. Richard Löwenherz König von England (1189–99).

Der Erzbischof von Trondheim sucht Zuflucht in Lund. — 1190 Friedrich Barbarossa ertrinkt in Kleinasien.

Dänen und Norweger beteiligen sich am Kreuzzug nach Jerusalem.	1191		
		1193	Philipp II. vermählt sich mit Ingeborg von Dänemark, weist sie aber sofort wieder ab.
Sverre, König von Norwegen, wird gekrönt und exkommuniziert.	1194		
Dänischer Kreuzzug gegen Estland	1197		
Thorlákr Thórhallsson, Bischof von Skálholt (1193 verstorben) wird vom Allthing anerkannt.		1198	Gründung des Deutschen Ordens.
		1202	König Sverres »Rede gegen die Bischöfe«. Sverre stirbt und sein Nachfolger ist bestrebt, sich mit der Kirche auszusöhnen.
		1204	Beim vierten Kreuzzug wird Konstantinopel eingenommen. Philipp August II. erobert die Normandie von den Engländern zurück.

Abbildung auf der
Umschlagvorderseite:

**Prunkschwert aus dem
Bootkammergrab
von Haithabu, Schleswig**
L. ca. 85 cm, Br. 5,2 cm.
1. Hälfte 9. Jahrhundert
Schleswig-Holsteinisches Landesmuseum für Vor- und Frühgeschichte, Schloß Gottorf, Schleswig

Knauf und Parierstange sind flächig mit Streifen-, Perl- und Zwirndrahtzier in Silber tauschiert, die Muster in den Zierfeldern nieliert. Die Griffhülsen bestehen aus vergoldeter Bronze. Die zweischneidige Klinge trägt in Eisentausia eine Herstellerinschrift und weist sie als fränkisches Produkt aus. Unklar bleibt, ob das reich verzierte Gefäß von einem kontinentalen oder skandinavischen Schwertfeger gefertigt wurde.

Abbildung auf der
Umschlagrückseite:

Thorshammer
Silber
L. 5,1 cm
Schonen, Schweden
Um 1000
Statens Historiska Museum, Stockholm

Der Thorshammer besteht aus zwei Silberblechen – einem planen Bodenblech und einem darauf gelöteten Preßblech mit den Hauptlinien des Dekors im Relief. Darauf wurden die Details des Musters in Filigran ausgelegt und die Zwischenräume mit Granulation oder kleinen Filigrankringeln ausgefüllt. Die Schauseite des Hammers ist mit stilisierten pflanzlichen Ranken verziert, die Hängeöse wie ein breiter frontaler Tierkopf gestaltet. Dieser schonische Thorshammer belegt den andauernden Einfluß des Heidentums auch in wohlhabenden Kreisen unter den ersten christlichen Königen Dänemarks.

© 1992 Staatliche Museen zu
Berlin – Preußischer Kulturbesitz

Gesamtherstellung:
Reiter-Druck, Berlin
ISBN 3 88609 304 2
Printed in Germany

Raum 1

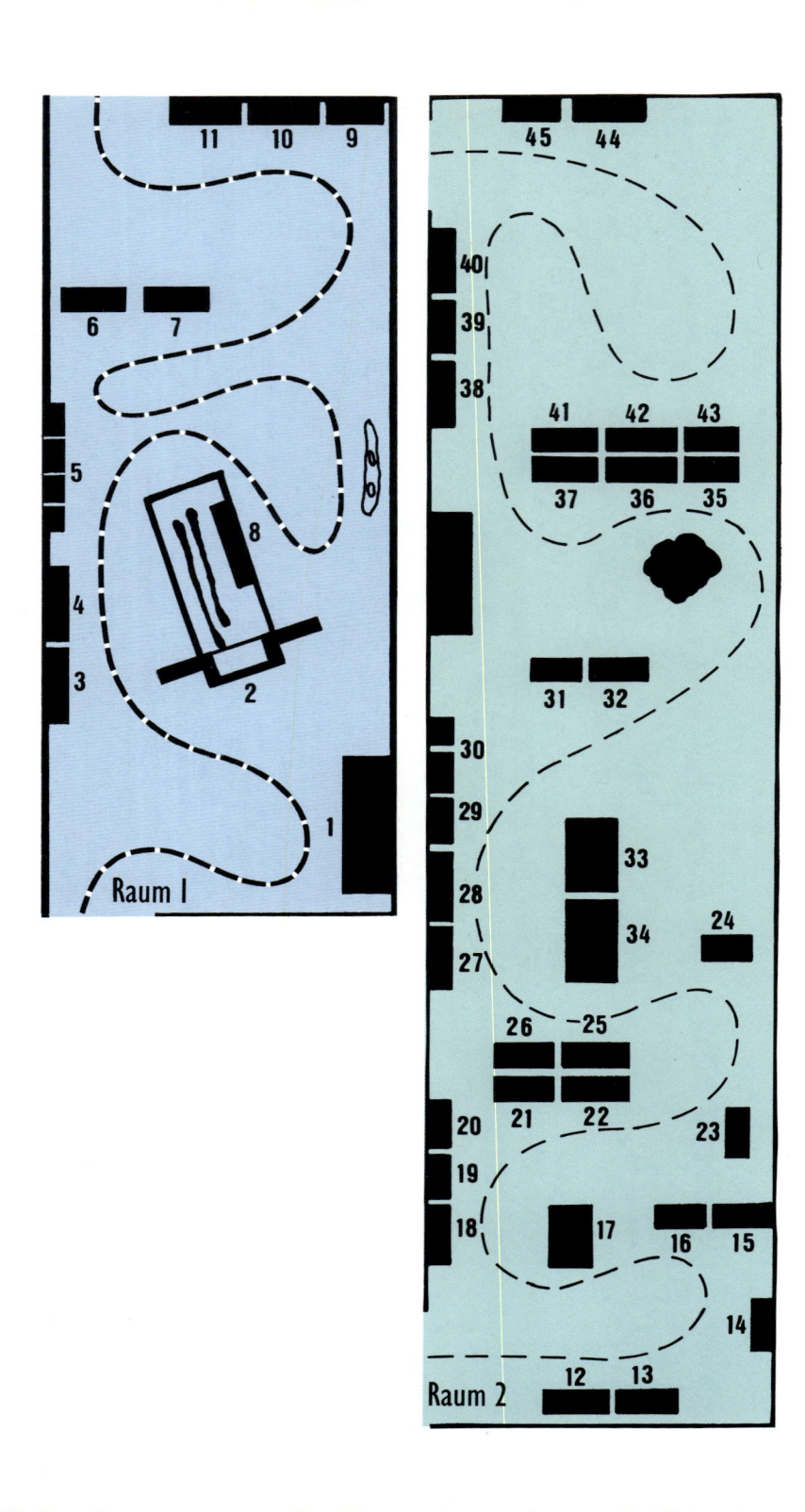

Raum 2

Raum 3

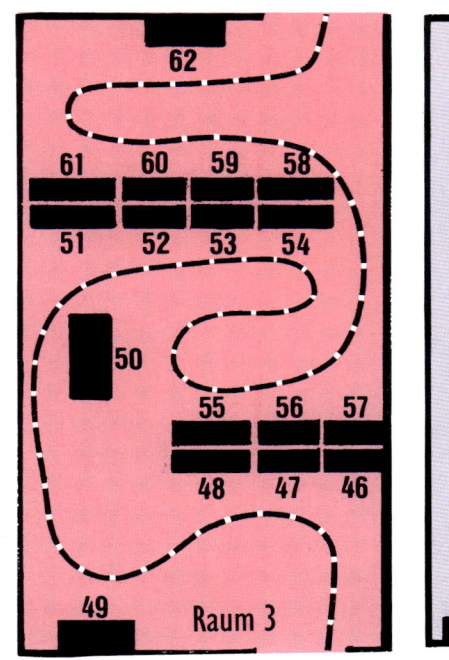

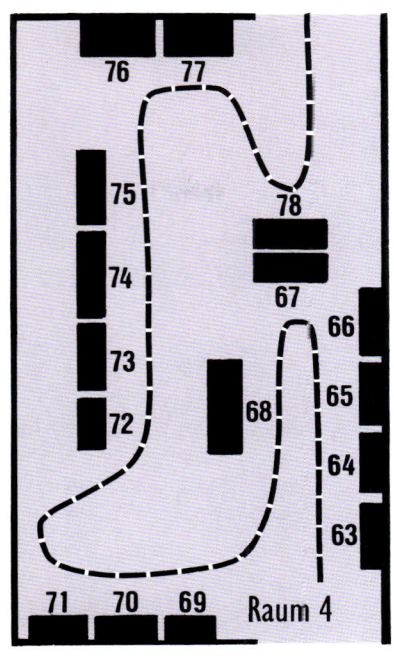

Raum 4

Raum 5

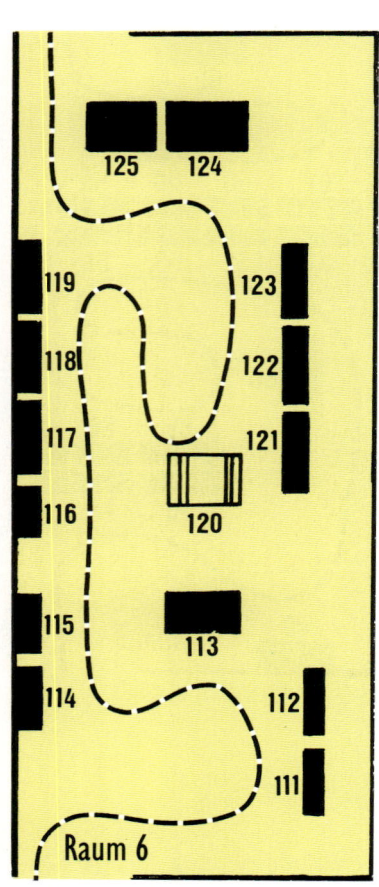

Raum 6